競技力が上がる体づくり

テニスの筋力トレーニング

著 浜浦幸広

JN221585

ベースボール・マガジン社

日々継続できるエクササイズの参考書

近年、さまざまなトレーニングに関する最新の情報や知識が飛び交う中、テニス向けのトレーニングとして多くのエクササイズが紹介されてきています。しかし、それらをいざ部活動など練習の現場で実践しようとしてみると、正しいフォームや回数などの細かい注意点がわからなかったり、選択肢が増え過ぎてどれを選んでいいのか迷ってしまったりと、トレーニング指導の専門家が身近にいないとなかなか難しい……といった意見が増えているのも事実です。

ひと昔前であれば、とりあえず「腕立て・腹筋・背筋が基本！」で、正しいフォームなど関係なく、できなくなるまで回数を増やして強度を上げることが主流のスタイル。心と体を徹底的に追い込み、鍛錬していく、なんともストイックで強引なスタイルですが、かくゆう私自身も、競技は違えど、かつての"部活トレーニング"を体験してきたひとりでもあります。

トレーニング指導の専門家となった現

在、そういったやり方に疑問を感じる一方で、知識や情報も少なく、トレーニング指導の専門家がいなかった時代で、場所と時間にも限りがある状況・環境であったなら、それも理にかなったひとつの方法だったのかなと考えています。正直、もう二度とやるのはご免ですが（！）、今となってはよい思い出にもなっています。

しかし、そもそもトレーニングを行う最大の目的は、「パフォーマンスアップ（競技力向上）」と「ケガの予防」のはず。ケガの予防はすなわち、ケガをしないでしっかり練習を継続していける頑丈な体づくりにもつながることです。正しいフォームを犠牲にして、回数や強度を増やして追い込んだ結果、どこかを痛めて練習ができなくなってしまっては、それこそ本末転倒、時間の無駄と言えるでしょう。時間や環境などに制限のある部活動などの練習において、ケガをしない頑丈な体づくりは、パフォーマンスアップ（競技力向上）以上に、必須条件とも

いえることなのです。

では、実際にどんなことをしていけばいいのでしょうか？　実は、どんなに動作がキツくなくても、正しいフォームを犠牲にしないことを大前提に取り組んでみると、意外にもそちらのほうがキツかったりするエクササイズ種目が多く存在します。

本書では、トレーニングの最大の目的は「ケガの予防とパフォーマンスアップ（競技力向上）」とし、読者の皆さんが、トレーニングの正しい知識とフォームを理解し、それを身につけることができるよう、写真を使ってわかりやすく説明してあります。ケガのリスクを最大限に減らし、安全かつ効果的にパフォーマンスアップ（競技力向上）が期待できる"精選された種目"を多く紹介してあります。

日々継続することができ、部活などのチームで伝統的に引き継いでいけるような「エクササイズの参考書」として利用していただければ幸いです。

浜浦幸広

Contents

Contents

デザイン　チックス
写真　矢野寿明
ベースボール・マガジン社
イラスト　田中祐子
編集協力　プロランド

本書で紹介する種目を実施し
た結果生じた事故や傷害につ
いて、著者・発行者はいっさ
いの責任を負いません。ご了
承ください。

本 書 の 内 容 と 使 い 方

本書では、テニスの競技力アップに役立つ、体づくりのトレーニングを紹介しています。トレーニングによっては、メイン種目に続いてバリエーション種目も多く掲載しています。自分の目的に応じて、無理のないようトライしてみてください。

紹 介 す る ト レ ー ニ ン グ

基本トレーニング

プッシュアップ　9種目
スクワット　10種目
ランジ　23種目
シコ（腰割り）　6種目
バーピー　7種目
ストリクト・クランチ　5種目

障害予防のエクササイズ

腸腰筋ストレッチなど　6種目

肩のエクササイズ

ウィンギング　5種目

ショルダー・ツイスト　1種目

ト レ ー ニ ン グ の 基 本 ペ ー ジ

主な動作やねらい
トレーニングの端的な説明。自分に必要な種目の選択に便利。

種目名
メイン種目と、発展形のバリエーション種目がある。

この種目の目的や効果、テニスにどう役立つかなど。

Variation
そのトレーニングのバリエーション種目であることを示す。

回数　時間
目安となる1セットあたりの回数や歩数、あるいは時間。

難易度
動きが複雑な上級者向けになるにしたがい星の数が増える。

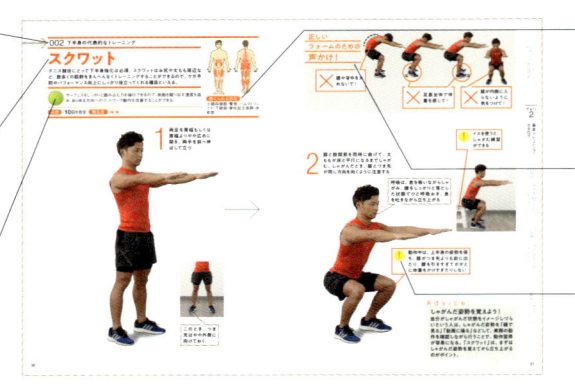

鍛えられる部位
刺激される部位
意識したい、ターゲットとなる主な体の部分。

正しいフォームのための声かけ！
間違ったフォームで動いている選手に、かけたい一言。

！
トレーニング時に、ポイントとなることや注意したいこと。

Advice
トレーニング時のさらなる助言や応用的なアドバイス。

プロ・サーキット・トレーニングのページ

強度を上げたい上級者向け。体の同じ部分をターゲットにした複数種目の組み合わせ方。

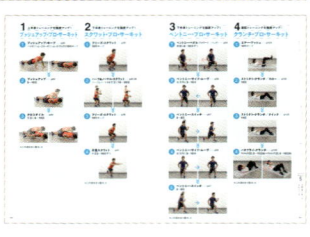

自体重トレーニングの組み合わせ方のページ

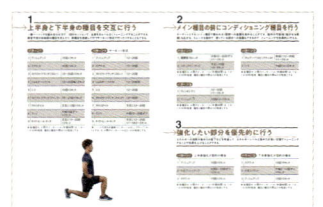

本書で紹介したトレーニングを、どの順番でいくつ行うか。考え方と組み合わせ例を紹介。

Part 1

トレーニングの基礎知識

トレーニングを行う最大の目的は、
テニスにおける運動能力の向上とケガの予防です。
体に過度な負担をかけずに、
自分のレベルで行うための
「トレーニングの基礎知識」を、まず学びましょう。

1 テニスに必要なトレーニングとは

バランスを崩すことなく
自分のカラダをコントロールする

テニス競技では、速いサービスを打ち、相手の打球に素早く反応して、正しく返球することが大切です。そして、返球したあとも、すぐに次のプレーに移るための準備に入らなければなりません。常に、流れるように次々とつながる動きを必要とします。

このような動きを正確に行うには、バランスを崩すことなく、自分の体重をコント

ロールすることが欠かせません。そのための最適なトレーニング方法が、自体重トレーニングです。

自体重トレーニングで自分自身の体への意識が高まると、効率よく体を使うことができるようになり、激しく動いたとしても、体力を温存できます。

テニスで大切なのは、できるだけ疲れずにボールにパワーを伝えることです。例えば、スイングに移行するときの踏み出しや、次のプレーに移るときの足の踏ん張りなど、動作の切り返しが多いのがテニス。効率のよい体の使い方をすることで、長時間の動きにも対応できるのです。

自体重トレーニングは、年齢、性別に関係なく、いつからでも始めることができます。なかなかテニス技術がアップしないという人は、この自体重トレーニングをメニューに入れて、積極的に行ってみてください。プレーの向上につながるはずです。

著者がサポートする杉田祐一選手も自体重トレーニングを実践し、効率よく体を使っている一人だ

2 自体重トレーニングのメリット

"使える筋肉"へ変換する
トレーニング

　自体重トレーニングを行うことのメリットは、いくつかあります。

　もっとも大きなメリットは、自分自身の体への意識を高めることができること。つまり、自体重トレーニングを行うことで、実際のテニスの動きの中で、筋肉が"使える筋肉"に変換されていくことです。

　これまで使えていなかった筋肉が目覚

め、動きに効率性を与えてくれる。例えば、サービスの威力が増したり、ストロークが安定したり、フットワークの足さばきがスムーズになったり、どんなに追い込まれても復元する力を発揮することができるなど、練習中や試合中に"使える筋肉"を実感することができるでしょう。

　また、自体重トレーニングはウォームアップやクールダウンとしても取り入れることができる種目が多く、場所をとらず器具も使わないで行えます。自宅をはじめ合宿や遠征地、試合会場など、時と場所を選ばず、トレーニングを継続できるというメリットがあります。"部活トレーニング"にもピッタリのトレーニング方法なのです。

　ラケットやシューズなど道具は年々進化しています。その道具をより効果的に使いこなすためにも、自体重トレーニングで眠っている筋肉を呼び覚まし、自分自身の体も進化させていかなければならないのです。

トレーニング（筋力強化）のいろいろ

自体重トレーニング
器具を使わず、自分の体重を負荷にして行う

 手軽に行える

フリーウエイトトレーニング
バーベルやダンベルなどを用いて行う

 目的とする部分以外の筋群も使いながら負荷をかけられる

チューブトレーニング
チューブやラバーの弾力や伸縮性を利用して行う

 個人の筋力に見合った軽い負荷をかけられる

マシントレーニング
マシンを利用して行う

 動きの軌道が一定なのでフォームを崩さず負荷をかけられる

3 正しいフォームを犠牲にしない

トレーニングの主目的は ケガ予防

トレーニングをする目的は、とにかくマッチョな肉体になるためでもないし、重たいバーベルをガンガン持ち上げられるよ

ケガを予防しパフォーマンスを上げるには、正しいフォームでトレーニングすること

うになるためでもありません。

最大の目的は「ケガ予防」、その延長線上に「パフォーマンスアップ（競技力向上）」が掲げられるのです。つまり、ケガをしないで、しっかり練習を継続できる頑丈な体づくりができてはじめて、トレーニングの目的は達成されます。

結果的にモリモリの筋肉になったり、重たいバーベルを持ち上げることができるようになったりすることはありますが、そこだけに特化してしまうと、何のためのトレーニングなのか、その目的や意図が欠落してしまいます。

先に述べたように、"使える筋肉"に変換しなければ、どんなに大きくした筋肉も、役に立たないことになります。

トレーニングで無理したり、間違ったやり方を選んだりしたことで、ケガをして練習ができなくなってしまうのは、まさに本末転倒な出来事といえるでしょう。

正しいフォームによって 効果的なトレーニングができる

私はトレーニングを行うときの大きなポイントとして、「正しいフォームを犠牲にしない」、ということを大前提にあげています。

これは、回数や強度を増やして追い込んだり、自分のクセが出てしまったりすると、どうしても正しいフォームを犠牲にすることになるからです。

まずは正しいフォームがあり、そのフォームによって、的確で効果的なトレーニングができるという流れを大切にしています。

4 テニスで使われるカラダの部位

正しいフォームから理にかなった動きを体得

　世界のテニスプレーヤーを観察していると、それぞれ個性的で、体の使い方も人それぞれですが、どの動きも理にかなっているように見えませんか。私は、体を動かすための基礎的なテクニックに個人差はないと考えています。あるのは、本質的な動かし方を身につけてからの"自由度"、それが個性につながっているのだと思います。

　テニスは、動きの激しい、全身の筋肉を動員しなければ成り立たない競技です。上半身と下半身、それらを連結させる肩甲骨や股関節、体幹など、どこもおろそかにできません。まずは、体の土台づくりを前提とした、基礎トレーニングに取り組むことが大切です。正しいフォームを身につけながら、理にかなった体の動きを体得してください。

理にかなった動きは人間本来が持ち合わせている

　「運動連鎖」という言葉を聞いたことはありませんか？　人間の動きは、さまざまな部分が独立して動くのではなく、それぞれが絶妙に連携・連動することで効率のよい動きをつくっています。

　例えば、ストローク動作においては、下半身→体幹→上半身へと伝えられた力が、ラケット、そしてボールへと伝達されていきます。この運動連鎖がうまくいかないと、体のどこかに負担がかかり、その状態が長く続けばケガにつながってしまいます。

　人間には、猿のように木から木へと飛び移ったり、カンガルーのように8メートル近くジャンプしたり、チーターのように時速100キロのスピードから瞬時に切り返したりすることはできません。しかし、それらを"それなり"に行うことはできます。これこそ人間が本来持っている能力。実に器用な能力といえます。

　まずは適切なテクニックを身につけ、それに伴う理にかなった効率的な動きを体得することで、パフォーマンスは向上し、ケガのリスクも減らすことができるでしょう。

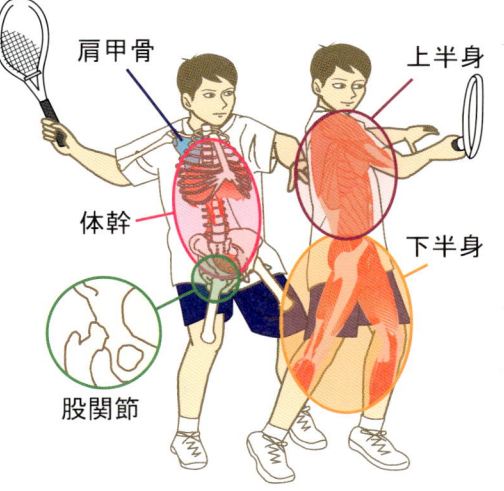

肩甲骨　体幹　股関節　上半身　下半身

テニスは全身の筋肉を動員しなければ成り立たない競技

トレーニングを行う時間帯、回数は？

自分自身のカラダへの意識が高まるトレーニング

テニスはもともと1〜3時間、時にはそれ以上、長時間行わなければならない競技です。それだけに偏った体の使い方をしていると、過剰に使われる部分に対して慢性的な疲労が蓄積し、見えない部分でケガのリスクが高まります。

そういった体への負担を軽減するために、ラケットやシューズは、常に進化してきているのですが、道具を最優先して、道具ありきになってしまうと、競技における鋭い身体感覚は薄れてしまうと思われます。

よい道具は、使う側のクオリティ（質）が高ければ高いほど、より活かされるはずなのです。

私はプロ選手のトレーニング指導をする際に、彼らの自分自身の体への意識を高める手段として、「自体重トレーニング」を好んで利用しています。

自分の体重を自分で支え、コントロールすることを目的とした自体重トレーニングは、体のバランスを整え、動きのつながり（連動性）を高めたいときに、とても役立ってくれるのです。

理想的な時間帯、回数は？

では、自体重トレーニングを行うときの、理想的な時間帯や回数については、どう考えればいいのでしょうか。

まず時間帯についてですが、一番いいのは、練習前のウォームアップ、練習後のクールダウンとして行うこと。基本的には「いつでも、思い立ったら」でいいと思います。朝起きたら、目覚めのエクササイズとしてスクワットやシコを、気分よく軽めの設定で行ってもいいでしょう。

回数に関しても、人それぞれ、ケースバイケースでいいと思います。まずは本書で各種目の目安となっている回数や秒数などを行い、慣れてきたらセット数を増やしていくような感じで進めていけば、組み立てやすいのではないでしょうか。

決めごとをするというよりも、気がついたら体を動かしている、そうなるのが理想的です。

朝、目覚めのエクササイズとしてスクワットやシコを、軽めの設定で行ってもいい

6 思春期にトレーニングが必要な理由

カラダを成長させる「思春期」という時期

「思春期」という言葉がありますが、これは大人になるために必要な、「心と体の準備期間」を指します。個人差はありますが、だいたい10・11歳くらいから始まって18歳くらいで終わります。つまり、勉強や部活などで学生生活を送っている時期こそが、「思春期」に当てはまります。

この時期は、男子も女子も成長ホルモンの分泌量がピークを迎え、背がグングン伸びて骨格や体型が一気に変わっていきます。しっかり食べて、十分な睡眠をとっているだけでもかなりの変化が実感できますから、普段から運動をしている皆さんな

ら、さらに大きな変化を感じることができるでしょう（当然、食べる量、寝る時間なども運動量に比例して多くなります）。

とくに筋肉量は、10・11歳頃では体重のおよそ25〜30パーセントを占める程度ですが、17・18歳頃になると体重のおよそ35〜45パーセントを占めるまでに増えていきます。

食べて寝ているだけでも成長する「思春期」においては、あらゆる練習・トレーニングが、個々の筋肉、つまりは体を成長させてくれるのです。

ケガが心身の成長の場を奪う

スポーツの世界には古くから「心・技・体」という言葉があります。

体を成長させ、技を磨いていくプロセス（過程）で、心が成長していくのであれば、ケガをして練習やトレーニングを行う機会が少なくなると、思春期における「心と体を成長させてくれる場」を失うことにもなってしまいます。

トレーニングでケガを防いで、心身を健やかに成長させることが大切なのです。

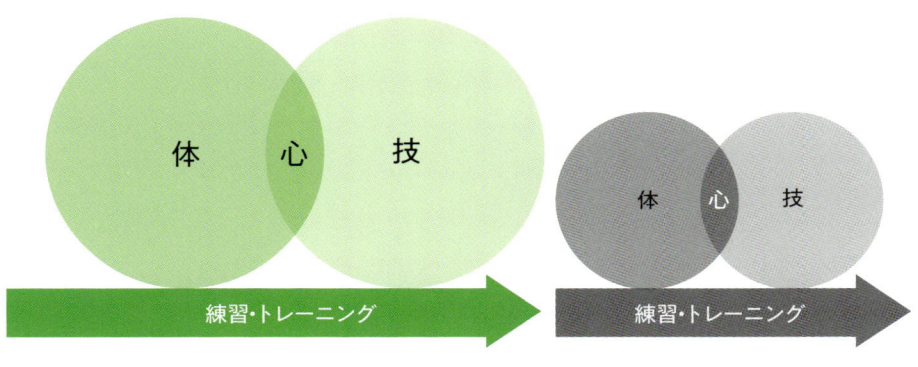

トレーニングを行う機会の多い少ないで、心技体の成長の大きさが変わってくる

7 鍛える部位を意識する

テニスに大切な主な筋肉

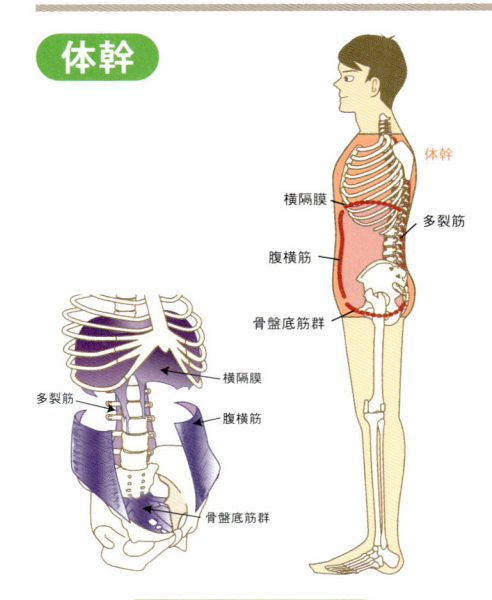

体幹

体幹
横隔膜
多裂筋
腹横筋
骨盤底筋群
横隔膜
多裂筋
腹横筋
骨盤底筋群

股関節まわり

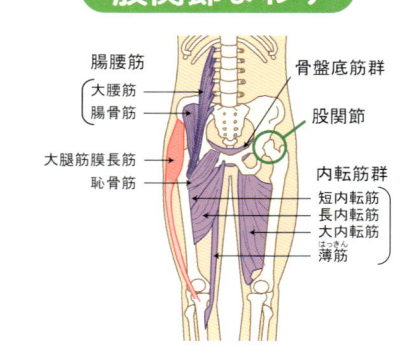

腸腰筋
大腰筋
腸骨筋
大腿筋膜張筋
恥骨筋
骨盤底筋群
股関節
内転筋群
短内転筋
長内転筋
大内転筋
薄筋

400を超える筋肉の数

　体の中には筋肉がたくさんあり、中でも骨格筋と呼ばれる骨に付着して体を連動させる筋肉は、量で見ると、若い男性で体重の約40パーセント、若い女性で体重の約35パーセントを占めています。その数は、大胸筋、腹直筋、大腿四頭筋などのように、名前のついているもので400を超えます。

　例えば、ロジャー・フェデラーがフォアハンドを打つときに、400以上の中から100種類の筋肉を使うとします。それに対して皆さんは、まだ20とか30種類くらいしか使えていないため、フェデラーのように打ち返せないのかもしれません。これは、根本的な体の使い方が違うので仕方がないのですが、そこに近づくことはできます。

　まずは、使える筋肉を増やし、その使っている筋肉（部位）を意識することが大切なのです。

「支える筋肉」である体幹の重要性

　本書では各種目の解説のページに、「鍛えられる（刺激される）部位」として、トレーニングをする際に意識したい部位をあげていますが、多くの種目で登場するのが、「体幹」です。

　「体幹」とは、ここ数年で急速に広まった言葉で、明確な定義はないようですが、頭と四肢（両腕・両足）を除いた「骨盤・背骨・肋骨（胸郭）・肩甲骨」を取り巻く「胴体部分」にある筋群を指します。もっ

カラダの前面

三角筋
上腕二頭筋
腹直筋

肩の内旋筋群
 肩甲下筋
 大胸筋

腹斜筋群
 内腹斜筋
 外腹斜筋

大腿四頭筋
 内側広筋（ないそくこうきん）
 外側広筋（がいそくこうきん）
 大腿直筋
 中間広筋

前頸骨筋

カラダの背面

大円筋
広背筋

肩の外旋筋群
 棘下筋（きょくかきん）
 小円筋

上腕三頭筋

臀部
 中臀筋
 大臀筋

脊柱起立筋群

ハムストリングス
 大腿二頭筋
 半膜様筋
 半腱様筋

下腿三頭筋
 ヒラメ筋
 腓腹筋

下腿部

■ アウターマッスル　■ インナーマッスル

と細かく専門的に言ってしまうと、「横隔膜・骨盤底筋群・腹横筋・多裂筋」の4つの筋群を指します。この4つの筋群は、外からは見えにくい、いわゆるインナーマッスルと呼ばれるもので、姿勢を維持するための「支える筋肉」と呼ばれています。

「体幹」と呼ばれるエリアにある筋群は、動作を安定させるために互いに影響し合い、連動して働いています。人間が動い

たり、姿勢を維持したりするときだけでなく、呼吸をするときにも働いてくれるので、かなり重要な役割を持った部分が「体幹」なのです。

クロスで粘って、しっかり体を使って打ち返すとき、欠かせないのは体幹の安定。体幹が強くなれば、錦織圭選手のようなバックハンドの"ダウン・ザ・ライン"を決められる日も近いかも。

オフのトレーニングの考え方

テニスはオフ・シーズンが明確でない競技のひとつです。プロだけでなく、中学や高校、ジュニアのカテゴリーでも、おそらく一年中トーナメントや試合がどこかで行われていることでしょう。

テニスでのオフ・シーズンの取り方は、目標とする試合・大会が終わったタイミングが適当と思われます。年間でそれが何回訪れるのか？　どれくらいの期間取れるのか？　などは、各学校や個人によって異なることと思いますが、そんなオフ・シーズンにおすすめなのが「クロス・トレーニング」です。

これはテニス（専門的に行っている種目）以外のスポーツを数種目取り入れ、全身の筋肉が同じ刺激を受け続けないようにするためのトレーニング方法です。練習や試合が続き、同じ筋肉ばかり使っていると、特定の動きが多くなるため、使い方や負担になっている部位に偏りが出てきます。それが要因でケガをしてしまうケースも少なくありません。クロス・トレーニングで普段使っていない筋肉を使うことで、偏りつつある動きや筋肉のバランスを調整し、ケガの予防をすることができます。

また、満足いく結果が得られず混沌としたシーズンが続いていれば、練習や試合に対してマンネリ感を抱いてしまうかもしれません。クロス・トレーニングはレクリエーション要素が強いので、そういった場合の精神的なリフレッシュ効果も期待できます。

本書で紹介する「自体重トレーニング」も、ある意味クロス・トレーニングといえます。

オフ・シーズンが1週間以上取れるなら、じっくり他のスポーツを楽しむ時間もできますが、2〜3日程度しか取れない場合でも、この自体重トレーニングにマリンスポーツ、登山、ヨガなど、イベントとしても楽しめそうな種目をプラスするのもいいかもしれません（これはアクティブ・レスト＝積極的休養という考え方）。

オフ・シーズンに行ったスポーツ動作が、テクニック習得・向上のヒントになったり、練習や試合に対する見方や考え方が変わるキッカケになったりするなど、クロス・トレーニングは総合的な運動能力の向上にもつながっています。

オフ明けに「なんとなくパフォーマンスが向上した！」なんてことがあるかもしれません。

P a r t

基本トレーニング・カタログ

いろいろなトレーニング方法がある中で、
本書では「自体重トレーニング」を選びました。
自体重トレーニングは、体への意識を高め、
動きのつながり（連動性）を高めたいときに役立ちます。
基本中の基本といわれるベーシックな種目だけを精選しました。

自体重トレーニングを始める

正しいフォームを覚えて意識をして行う

　器具を用いることなく、自分の体重を負荷として行う自体重トレーニングは、手軽に行えることがメリットです。ただ、やり方が簡単なように見えて、自分の姿を見ることができないため、フォームを崩さないように行うことが、重要なポイントになってきます。

　仲間同士で行っているときや、指導者が見ていてくれるときは、フォームをチェックしてもらい、自主トレーニングのときには鏡を利用するなどして、正しいフォームを確認しながら、使っている部位（筋肉）を意識することが大事です。

　例えば、38ページ以降で紹介します「スクワット」では、動作中に上半身の姿勢を意識することで、腰や膝への負担を減らすことができます。108ページ以降の「バーピー」の引き上げ動作なら、腹筋を意識することで刺激が入り、運動効果が高まります。意識をせずに行った場合は、ただ回数を繰り返しただけという結果になりかねません。

　意識をすることで自分の体に対する感覚が高まり、運動効果を引き出すことができ

るのです。

キツいトレーニングの場合声を出すのもいい

　「声はもうひとつの筋肉」といわれています。声を出すことで、神経によってコントロールされている運動に対する制限（ブレーキ）がはずされ、筋肉の力を限界値まで発揮させることができます。特に瞬間的に力を発揮するものに効果があるようで、正確な数値ではありませんが、声を出すことで5〜6パーセント程度の筋出力アップが期待できるそうです。

　また、「ヨッ」「ハッ」とか「それっ」「ヨイショ」など、呼吸と合わせて声を出すことで、リズムやタイミングもとりやすくなります。プロの選手が、ストロークする際に声を出すのは、本能的・直感的に声を出して、自分のパフォーマンスを最大限に引き出している状態といえます。

　気合いを入れたり、励ましたり、やる気や意気込みを高めたりするときにも役立つので、部活でキツい練習やトレーニングを行っているときに、声を出してみるのもいい方法かもしれません。

　ただし、声を出すといっても、ただテンションを上げて大騒ぎするのではないので、注意が必要です。

バリエーションの数を増やしたランジ・トレーニング

　下半身全体を強化するのに適している「ランジ」。本書では52ページから紹介していきますが、基本形に加え、22のバリエーションを掲載しました。

　ランジは、足を前後に開いて動作を行う

エクササイズで、下半身を強化するとともに体幹、姿勢の保持などの意識を高めることができます。大きく開脚したり片足でバランスをとったりする種目が多いランジは、さまざまなスタンスでのショットを要求されるテニス競技には不可欠です。

掲載している23種のランジは、難易度の低いものから高いものまで種々あります。それぞれの強化の目的によってセレクトして、無理せず行ってください。テニス競技にとって下半身強化はとても大事です。競技力の向上とケガ予防のために、積極的に行いましょう。

トレーニング中の呼吸について

自体重トレーニングのほとんどの種目では、息を止めず呼吸をしながら動作を行うようにします。息を止めたまま動作を行っていると、力みの原因になるだけでなく、血管に負担がかかり、血圧が急上昇してしまうので注意が必要です。

また、呼吸は正しい姿勢づくりにも影響してくるため、安全にトレーニング効果を引き出していくうえで、基本的な呼吸方法を身につけておくことは重要です。

❶胸郭の動きを考慮した呼吸方法

呼吸に深く関係している胸郭の動きに合わせた呼吸方法で、胸を開いたり両腕を上げたりする動作に合わせて息を吸い、その逆の動作で息を吐く。例えば、プッシュアップの場合（22ページ〜）、ハイポジション（開始姿勢）からローポジションへ体を下ろしていくときに息を吸い、ローポジションからハイポジション（開始姿勢）へ体を押し上げていくときに息を吐きます。

❷体幹の動きを考慮した呼吸方法

体幹部は姿勢や呼吸に深く関係しています。体幹部を前屈させるときに息を吐くと、肺の中の空気が吐き出されて腹圧が低下し、腰背部を丸めて腹直筋を収縮させやすくなります。例えば、クランチの場合（122ページ〜）、体を起こす動作で息を吐き、倒す動作で息を吸います。

❸胸郭や体幹の動きと関係ない種目での呼吸方法

基本的に力を入れるときに息を吐き、そうでないときに息を吸います。他にも、息を止めずに自然な呼吸を心がける方法などがあります。

❹トレーニング上級者向けの呼吸方法

息を吸って止めた状態で力を発揮すると、腹腔内圧が高まって、体幹部が安定し、腰背部の姿勢が保ちやすくなります。ジャンプなど瞬間的に大きな力を発揮する種目を行うときに使える呼吸方法です。例えば、スクワット・ジャンプ（切り返しなし）の場合（42ページ〜）、息を吸って止めたまましゃがみ、ジャンプをした瞬間に息を吐きます。

吸いながら

プッシュアップのローポジション

プッシュアップ

いわゆる「腕立て伏せ」。腕をトレーニングするようなネーミングだが、主に使われるのは胸の筋肉（腕は肩とともに補助的に使用）。しっかりとしたフォームで行えば、体幹部への意識と肩まわりの安定性も高めることができる。

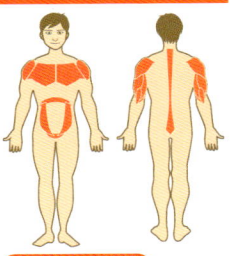

体の軸を安定させることで、ショットのインパクト時の正確性が高まる。上半身の耐久性が身につけば、日頃の反復練習でも疲れることなく一球一球しっかり打ち込むことができる。

鍛えられる部位
大胸筋・三角筋・上腕三頭筋・体幹部

回数 10回を目安　**難易度** ★★

1 肩幅よりやや広めの手幅で、頭から足までが一直線になるように構える

一直線

手を置く位置は脇の下のライン。手指の方向は真上が理想的

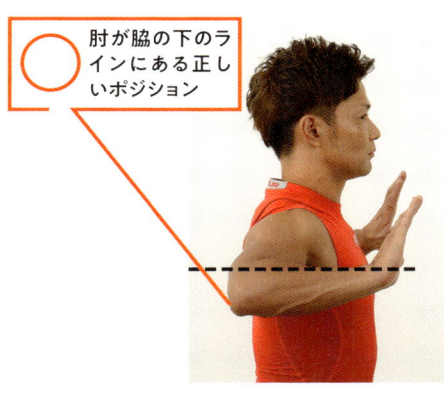

○ 肘が脇の下のラインにある正しいポジション

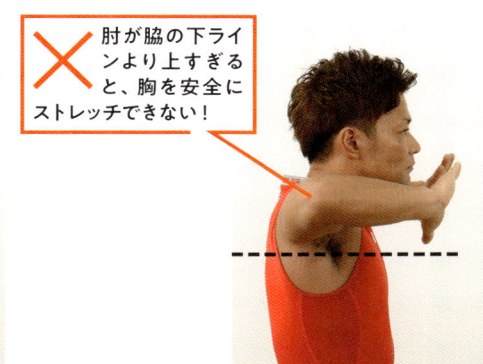

✕ 肘が脇の下ラインより上すぎると、胸を安全にストレッチできない!

2 体幹部を意識しながら上体を下ろす

! 動作中は、息を吸いながら下ろし、吐きながら上がる

正しい
フォームのための
声かけ!

✕ お尻を突き出して休まない!

✕ 腰を反らない!

Variation 01 プッシュアップの強度調節として使える種目

開脚＆膝つき

開脚、膝つきで動作を行うことで、強度をやわらげ、動作の安定性を増すことができる。肩まわり・体幹部などが弱い人や、初心者にもおすすめのやり方。

回数 10回を目安　**難易度** ★

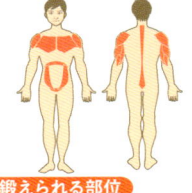

鍛えられる部位
大胸筋・三角筋・上腕三頭筋・体幹部

開脚

1 開脚して、プッシュアップの開始姿勢をとる

呼吸は通常のプッシュアップと同じ

2 体幹部を意識しながら上体を下ろす

❗ 開脚の場合、通常のプッシュアップより安定感は増すが、常に体幹部への意識を忘れないように注意する

膝つき

1 膝をつき、肩から膝までが一直線になるように構える

呼吸は通常のプッシュアップと同じ

2 体幹部を意識しながら上体を下ろす

⚠ 膝つきの場合、動作中にお尻を突き出しやすくなるので注意する

Variation 02 プッシュアップの正確な動作習得に役立つ

プッシュアップ・キープ

プッシュアップの動作を高い位置、低い位置でそれぞれ動きを止めてキープすることで、肩まわりの安定性、体幹部への意識などが強制的に高まり、どの部分を使ってプッシュアップ動作を行っているのかを理解できる。

鍛えられる部位
大胸筋・三角筋・上腕三頭筋・体幹部

時間 **10〜30**秒キープを目安 **難易度** ★★

1 ハイポジション（プッシュアップの構え）の姿勢を10〜30秒キープする

2 ローポジション（体を下ろした）の姿勢を10〜30秒キープする

プッシュアップ

Variation 03 正確な動作習得に動きをプラス

エレベーター

体を持ち上げる高さを段階的に変えていくことで、さまざまな肘関節の角度で大胸筋を刺激でき、関節のどんな角度からでも大胸筋の力を発揮できるようになる。

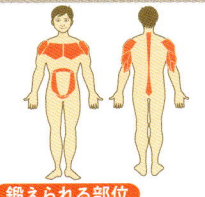

鍛えられる部位
大胸筋・三角筋・上腕三頭筋・体幹部

回数 ロー・ミドル・ハイの順番で**5〜10**回を目安 **難易度** ★★

2

ハイ
床からハイポジションの高さまで上げる

1 プッシュアップで上体を下ろす

ミドル
床から20〜30センチ程度の高さまで上げる

20〜30cm

ロー
床から10センチ程度の高さまで上げる

! 上体が低ければ低いほど、動作はキツくなる

10cm

Variation 04 動作の修正能力を高める

片足プッシュアップ

動作を片足で行うことで、不安定な体勢を意図的につくり、それを安定させようとする「動作の修正能力」を引き出す。体勢を崩されても、そこから立て直して次の動きにつなげることができるようになる。

鍛えられる部位
大胸筋・三角筋・上腕三頭筋・体幹部・臀部

（回数）片側**5〜10**回を目安　（難易度）★★

1 片足を上げて、プッシュアップの姿勢をとる

足と床が平行になるように。上げすぎる必要はない

✕ 膝が曲がっているのはNG。下を向きすぎない！

2 体幹部を意識しながら上体を下ろす

バランスを崩さないように、動作を安定させながら行う

Variation 05 動作の協調性を高める

クロコダイル

動作が複雑で中〜上級レベルの種目になるが、上半身に加えて股関節の柔軟性も同時に高めることができる。ランニングパスなど、動きの中でのショットの正確性が増す。

鍛えられる部位

大胸筋・三角筋・上腕三頭筋・体幹部・股関節周辺

回数 交互に **8〜10** 回を目安　難易度 ★★

1 プッシュアップの開始姿勢で構える

2 体幹部を意識しながら上体を下ろし、右膝を体側に近づける

足を体側に近づけながらの動作になる

3 プッシュアップの開始姿
勢に戻る

> ⚠ 右足、左足と、
> 左右交互に行う

4 体幹部を意識しながら上体
を下ろし、左膝を体側に近
づける

1〜4の動作を繰り返す

Variation 06 上半身の爆発的なパワーを獲得する

プッシュアップ・ジャンプ

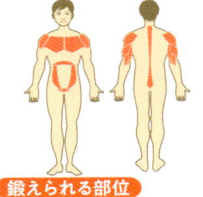

鍛えられる部位
大胸筋・三角筋・上腕三頭筋・体幹部

🎾 テニスでは、正確性だけでなく、力強さと大胆な動きも求められる。オフェンシブにもディフェンシブにも、その特性に応えられる上半身のパワーを身につけることができる。

回数 5〜10回を目安　**難易度** ★★★

1 プッシュアップの開始姿勢で構える

2 体幹部を意識して上体を下ろす

3 上体を下に落としたら、素早い動きで切り返し、できるだけ高く押し上げる

つま先は床につけたままにしておく

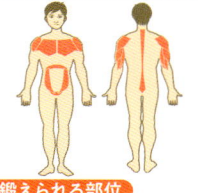

プッシュアップ

Variation 07 プッシュアップ・ジャンプの導入種目

ジャンプ（開脚&膝つき）

通常のプッシュアップ・ジャンプの動作がキツくなったら、下半身を開脚や膝つきのポジションに切り替えることで、動作を続けられる。プッシュアップ・ジャンプの導入種目、強度調整の種目などとして活用できる。

鍛えられる部位
大胸筋・三角筋・上腕三頭筋・体幹部

回数 5〜10回を目安　**難易度** ★★★

開脚

1 開脚して、プッシュアップの開始姿勢をとる

2 体幹部を意識して上体を下ろす

3 つま先を床につけたまま、素早く、高く、上体を押し上げる

膝つき

1 膝をつき、肩から膝までが一直線になるように構える

2 体幹部を意識して上体を下ろす

3 膝を床につけたまま、素早く、高く、上体を押し上げる

33

Variation 08 お互いの意識を高めながら行う

クラップハンズ（2人組）

タッチするタイミングやリズムなど、お互いの息を合わせて楽しみながら行える種目。トレーニングレベルが同じくらいの人や、ダブルスパートナーと組んで行ってもよい。お互いの運動能力を最大限に引き出すことができる。

回数 **6～10**回を目安　難易度 ★★

鍛えられる部位
大胸筋・三角筋・上腕三頭筋・体幹部

1 お互い向かい合って、プッシュアップをする

2 プッシュアップを1回してから、お互いの右手と右手をタッチ

左手のタッチも同様に行う

右手

左手

強度を上げて

プッシュアップしてから、右手→左手と両方タッチする方法にもトライしよう。

Advice

正しいフォームで！

常に正しいフォームを意識して行うことが大切。無理をしてフォームを崩さないように気をつける。

Advice

声をかけ合うと楽しい！

2人の息を合わせて、タッチするときに声をかけ合うなどして、お互いの動きを引き出し合う。

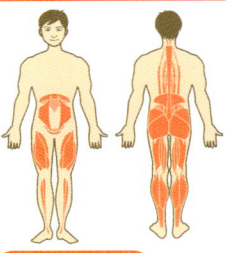

スクワット

テニス競技にとって下半身強化は必須。スクワットはお尻や太もも周辺など、数多くの筋群をまんべんなくトレーニングすることができるので、ケガ予防やパフォーマンス向上にしっかり役立ってくれる種目といえる。

サーフェスをしっかりと踏み込む力を強化できるので、地面を蹴り出す速度を高め、あらゆる方向へのフットワーク動作を改善することができる。

鍛えられる部位
大腿四頭筋・臀部・ハムストリングス・下腿部・脊柱起立筋群・体幹部

回数 **10**回を目安　難易度 ★★

1 両足を肩幅もしくは肩幅よりやや広めに開き、両手を前へ伸ばして立つ

このとき、つま先はやや外側に向けておく

正しいフォームのための 声かけ！

✕ 腰や背中を丸めないで！

✕ 足裏全体で体重を感じて！

✕ 膝が内側に入らないように気をつけて！

2 膝と股関節を同時に曲げて、太ももが床と平行になるまでしゃがむ。しゃがんだとき、膝とつま先が同じ方向を向くように注意する

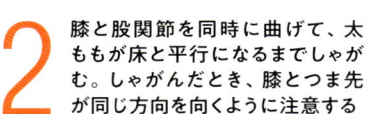

呼吸は、息を吸いながらしゃがみ、腰をしっかりと落とした状態でひと呼吸おき、息を吐きながら立ち上がる

! イスを使うと、しゃがむ練習ができる

! 動作中は、上半身の姿勢を保ち、膝がつま先よりも前に出たり、腰を引きすぎてかかとに体重をかけすぎたりしない

Advice

しゃがんだ姿勢を覚えよう！

自分がしゃがんだ状態をイメージしづらいという人は、しゃがんだ姿勢を「鏡で見る」「動画に撮る」などして、実際の動作を確認しながら行うことで、動作習得が容易になる。「スクワット」は、まずはしゃがんだ姿勢を覚えてから立ち上がるのがポイント。

Variation 01 フォームを修正・安定させるテクニック

フリーズ・スクワット

しゃがんだ姿勢で、左右均等に体重をかけられず、どうしても片側の足だけに負担がかかってしまう場合の修正に効果的。

鍛えられる部位
大腿四頭筋・臀部・ハムストリングス・下腿部・脊柱起立筋群・体幹部

時間 **10～20**秒キープを目安 難易度 ★

1
両手を左右の鼠蹊部（股関節の付け根）に当てて構える

2
猫背にならないように注意しながら、股関節で両手を挟みながらしゃがむ

左右均等に体重をかけることを意識

！ 挟み込む強さが左右均等になるようにする

Variation 02 フォームを修正・安定させるテクニック

ウォール・スクワット

しゃがんだ姿勢で、膝が前に出すぎたり、かかとに重心がかかりすぎたりしてしまうなど、どうしても足裏全体に体重をかけられない場合の修正に効果的。

鍛えられる部位
大腿四頭筋・臀部・ハムストリングス・下腿部・脊柱起立筋群・体幹部

回数 10回を目安 **難易度** ★

> ! 両手が壁から離れなければ、重心はかかとだけにかからない

> ! 壁に膝がぶつからないようにしゃがめば、膝が前に出すぎない

1 壁との間にコブシひとつ程度の隙間をつくり、壁に向かって立つ。両手は胸の高さくらいの位置で軽く壁に触れる

2 両手以外が壁に触れないようにしてしゃがむ

Variation 03 足首や股関節まわりが硬い人へ

ハーフ・スクワット

しゃがむ角度を浅くすることで、足首や股関節まわりが硬くて、深くしゃがめない人でも、スクワットの効果を得ることができる。基本のスクワットがキツいと感じる人におすすめ。

回数 **10回を目安** 難易度 ★

鍛えられる部位
大腿四頭筋・臀部・ハムストリングス・下腿部・脊柱起立筋群・体幹部

1 スクワットの開始姿勢で構える

2 通常のスクワットの半分程度の深さまでしゃがむ

! 通常のスクワットに比べて、お尻やハムストリングスなどの筋肉をあまり使わずにできる

Variation 04 片足で踏み込む力と安定性を高める
片足スクワット

バランスをとりながら動作を行うことで、お尻と体幹部への意識を高め、筋肉をしっかりと使うことができる。

鍛えられる部位
大腿四頭筋・臀部・ハムストリングス・下腿部・内転筋・脊柱起立筋群・体幹部

回数 片側**5〜10**回を目安　**難易度** ★★

1 両手を伸ばしてバランスをとる

2 しゃがみ込む深さに注意しながら腰を落としていく

✕ バランスを崩しやすく、膝が内側に入りやすいので注意

Variation 05 神経系を刺激してパフォーマンスを向上

両足スクワット・ジャンプ（切り返しなし）

ジャンプ動作を行うことで、地面に力を伝える感覚を養う。筋肉の瞬発的な力を発揮する能力が高まるので、テニスのパフォーマンス向上にも役立つ。

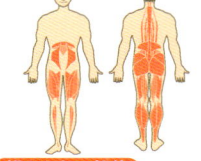

鍛えられる部位
大腿四頭筋・臀部・ハムストリングス・下腿部・内転筋・脊柱起立筋群・体幹部

回数 **5〜10**回を目安　難易度 ★★★

1 両手を腰に当てて腰背部をまっすぐに保ち、スクワットのしゃがんだ姿勢で構える

! このとき、息を吸い込み、一度止めておく

! ジャンプ動作に入る直前は、力を蓄え、体の反動を使わないように気をつける

2 床を強く蹴って跳び上がる

! ここで息を一気に吐く

Advice

人間に本来備わっている機能を磨く！
筋肉はゴムのように、急激に引き伸ばすと一気に縮まろうとする性質を持っている。これは筋肉が通常の範囲以上に引き伸ばされてしまうことで、断裂などを起こさないように防いでくれる、人間に備わっている防御機能。この機能を磨くことで、パフォーマンスは向上していく。

3 膝と股関節を同時に曲げて、ピタッと止まる

空中姿勢では、腰を反らないように体幹部への意識を高める

Variation 06 動作の連続性、パワー・スピード感覚を養う

両足スクワット・ジャンプ（切り返しあり）

動作の連続性とパワー・スピード感覚など、パフォーマンス向上に直結する動きを引き出すことができる。

鍛えられる部位

大腿四頭筋・臀部・ハムストリングス・下腿部・内転筋・脊柱起立筋群・体幹部・大胸筋・広背筋・三角筋

回数 **5～10**回を目安　難易度 ★★★

1 着地姿勢（ハーフ・スクワット程度の深さ）をつくり、両肘を軽く曲げて後方に少し引いた状態で構える

2 両腕を素早く前方に振り上げるタイミングで、できるだけ高くジャンプする

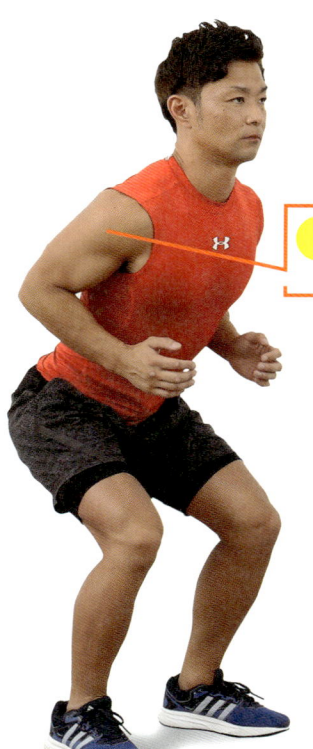

！ 肩はリラックス。膝は伸びてしまわないように軽く曲げた状態

肩に力が入っている

肘が伸びている

3 膝と股関節を同時に曲げて着地したら、素早く切り返して、次のジャンプを行う

足裏の接地面積は前方3分の2程度

Advice

パフォーマンス向上に直結！

切り返し動作を行うことで、動作の連続性が養われ、パフォーマンス向上に直結する動きを引き出すことができる。重要なエクササイズである。

Variation 07 神経系を刺激して踏み込みの力強さ・安定性を高める

片足スクワット・ジャンプ（切り返しなし）

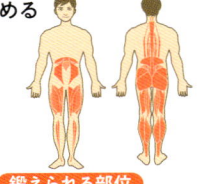

両足で行うスクワット・ジャンプよりも、バランス能力を高めることができ、テニスの「打つ」「走る」「切り返す」など、あらゆる局面での動作の力強さと安定性を高めることができる。

鍛えられる部位
大腿四頭筋・臀部・ハムストリングス・下腿部・内転筋・脊柱起立筋群・体幹部

回数 片側**5〜10**回を目安 難易度 ★★★

1 両手を腰に当てて、片足スクワットのしゃがんだ姿勢で構える

！ このとき、股関節・膝・足首の角度をしっかりと固定する

✕ バランスを崩した状態でジャンプすると、膝などへの負担が増し、ケガのリスクが高まってしまう

Advice

まずは片足スクワットを習得する！
バランスを崩しやすく、動作の難易度が高いので、片足スクワットを習得して、しっかりとした着地姿勢を身につけてから行うようにしよう。

呼吸は、開始姿勢で息を吸い込んで一度止めておき、ジャンプの際に一気に息を吐く

3 バランスを崩さないように、ピタッと止まる

2 なるべく体の予備動作（反動）を使わないようにして、床を強く蹴って跳び上がる

真上に引っ張られるようにジャンプする

Variation 08 動きの連続性や、スピード・バランス感覚を養う

片足スクワット・ジャンプ（切り返しあり）

テニスでは、片足にかかる負担が大きくなる局面が随所に見られる。動作の連続性とスピード・バランス感覚など、プレーに直結する能力を向上させることができる。

回数 片側**5〜10**回を目安　難易度 ★★★

鍛えられる部位
大腿四頭筋・臀部・ハムストリングス・下腿部・内転筋・脊柱起立筋群・体幹部・大胸筋・広背筋・三角筋

1 片足スクワットのしゃがんだ姿勢で、両腕を軽く曲げて構える

2 腕を後方から前方へ振り、腕振りのタイミングに合わせてジャンプする

股関節・膝・足首の角度を固定し、しっかりとバランスのとれた状態をつくる

Part
1
トレーニングの
基礎知識

Part
2
基本トレーニング・
カタログ

Part
3
障害予防のための
エクササイズ

Part
4
肩の障害予防
エクササイズ

Part
5
プロ・サーキット・
トレーニング

Advice

接地後の切り返しを速く！
しゃがむ角度を少し浅めにして、接地し
てからの切り返しスピードを速くするよう
に心がけて、ジャンプを繰り返す。

床を強くキックする

3 膝と股関節を同時に曲げ
て着地したら、バランスを
崩さないように切り返し
て、次のジャンプを行う

Variation 09

ジャンプ動作を行いながら代謝をアップ

ランナーズ・ジャンプ

しゃがみ込む角度を浅くして、動作を単純化することで、切り返し速度をさらに上げることができる。通常のジャンプ種目よりも回数を多く行えるので、スピード持久力も高めることができる。

回数 片側**5～10**回を目安　難易度 ★★★

鍛えられる部位
大腿四頭筋・臀部・ハムストリングス・下腿部・内転筋・脊柱起立筋群・体幹部・大胸筋・広背筋・三角筋

2 腕の振りに合わせて、真上に高くジャンプする

！ 空中姿勢では、体幹部の引き締めを意識する

1 片足スクワットで少し浅めにしゃがみ込んだ状態。後ろ足を床に接地させてバランスをとった姿勢で構える

両腕は「よーい」の構えの状態

Advice

切り返し速度を素早く！

着地後の切り返し速度を、自分自身でなるべく素早く行うように心がける。リズムやテンポをつくって行えば、連続性とスピード感が増す。

単純な動作の繰り返しなので、全身を使って動作をスピードアップ、動きの質を高める

3 着地と同時に後ろ足を素早く引き、バランスをとったらすぐに切り返して次のジャンプを行う

ランジ

下半身全体の強化ができ、体幹・姿勢保持などの意識を高めることができる。大きく開脚したり片足でバランスをとったりする種目が多いので、下半身の柔軟性と安定性のアップを図れる。

鋭い切り返しやストップ動作、そこからの柔らかい動きなど、動きの幅を広げ、テニスのあらゆる局面でのパフォーマンスを向上させる。

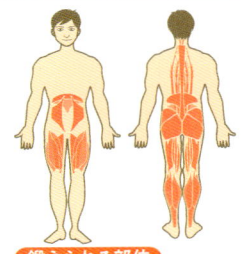

鍛えられる部位
大腿四頭筋・臀部・ハムストリングス・下腿部・内転筋・脊柱起立筋群・体幹部

回数 片側**10**回を目安　難易度 ★

その場で

1 両手を腰に当てて、前後の膝の角度が90度になるようにして、後ろ足の膝を少し床から浮かした状態で構える

2 ゆっくり立ち上がる

正面から見た足幅は、広すぎず狭すぎず、腰幅もしくは肩幅くらい

! 胴体が床に対して垂直の状態を保持する

正しい
フォームのための
声かけ！

✕ 背中を丸め
ない！

✕ 床と垂直！

✕ 両足均等に体重
がかかるように！

Advice

余裕があれば
前後のスタンスを大きく！

股関節の柔軟性に余裕がある
場合は、前後のスタンスを少し
大きくとってもよい。お尻まわ
りの筋群をより大きく刺激する
ことができる。

ランジ

Variation 01 低重心における下半身強化と姿勢づくり

ベントニー・ペダル（フォワード／バック）

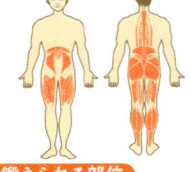

ランジの基本姿勢を維持しながら、前後方向への動きを加えることで、低い重心における前後の重心コントロール能力が身につく。低い重心でもバランスを崩すことなく、ショットの安定性を高めることができる。

鍛えられる部位
大腿四頭筋・臀部・ハムストリングス・下腿部・内転筋・脊柱起立筋群・体幹部

回数 8〜10歩を目安　**難易度** ★

フォワード

進みながら

1 ランジの基本姿勢で構える

2 素早く前方へ一歩踏み出して、逆足の基本姿勢をつくる

Part
1
トレーニングの
基礎知識

Part
2
基本トレーニング・
カタログ

Part
3
障害予防のための
エクササイズ

Part
4
肩の障害予防
エクササイズ

Part
5
プロ・サーキット・
トレーニング

Advice

目線と腰の高さをキープ！
移動時には、なるべく目線と腰の高さを
変えずに素早く足を出して、一歩一歩
しっかりとランジの基本姿勢の形をつく
りながら移動していく。

バック

進みながら

2 素早く後方へ一歩踏
み出して、逆足の基
本姿勢をつくる

1 ランジの基本姿勢で
構える

Variation 02　低重心における下半身強化と姿勢づくり

ベントニー・サイド・ムーヴ

ランジの基本姿勢を維持しながら、左右方向への動きを加えることで、低い重心における左右の重心コントロール能力が身につく。低い重心でもバランスを崩すことなく、ショットの安定性を高めることができる。

回数 **8〜10**歩を目安　難易度 ★

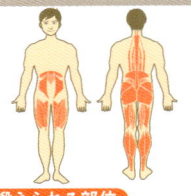

鍛えられる部位
大腿四頭筋・臀部・ハムストリングス・下腿部・内転筋・脊柱起立筋群・体幹部

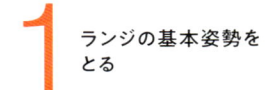
進みながら

2
腰の高さを変えず、
右横方向へ移動。
左方向も同じよう
に行う

1
ランジの基本姿勢を
とる

✕ 正面から見て右足
と左足が交差して
はNG。歩幅を保
ちつつ歩いていくこと

ランジ

Variation 03 低重心における素早い足さばきを身につける

ベントニー・スイッチ

ランジの基本姿勢を維持しながら、その場で素早く足を入れ替えることで、低い重心における素早い股関節の動きづくりに役立てることができる。

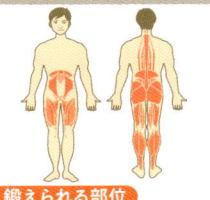

鍛えられる部位
大腿四頭筋・臀部・ハムストリングス・下腿部・内転筋・脊柱起立筋群・体幹部

回数 交互に **6〜10** 回を目安　**難易度** ★★

その場で

1 両手はランニングスタイルで、ランジの開始姿勢（左足が前）

！ 連続した動作を繰り返す中で、上体の姿勢が崩れやすくなるので注意

2 右足と左足を素早くスイッチする（右足が前）

！ 目線と腰の高さを変えずに!

Variation 04 ひねり動作の感覚を身につける
ツイスト&ヒールタッチ

前後左右の動きに加えて、ひねり動作もテニスにおいては重要。体幹を継由して下半身から上半身へとつながるひねり動作を身につけるのに役立つ。

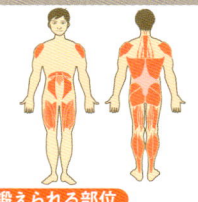

鍛えられる部位
大腿四頭筋・臀部・ハムストリングス・下腿部・内転筋・脊柱起立筋群・体幹部・広背筋・三角筋

回数 片側10回を目安　難易度 ★

その場で

1 ランジの基本姿勢をつくり、両手を胸の前に出して構える

2 片手を斜め上方向に、反対の手を斜め下方向（かかと方向）に伸ばしながら、前足側に体をひねる

! 前後の膝の角度は90度くらい

! ひねった状態でも、左右均等に体重がかかるように気をつける

10cm

! 膝を床から10センチ程度浮かせる

強度を下げる

後ろ足の膝を床につけて動作を行うことで、下半身の負担が減り、ひねり動作に集中することができる。ひねる感覚がイマイチな人やひねる範囲が狭い人にはこちらがおすすめ。

その場で

1 ランジの基本姿勢で、後ろ足の膝を床につけて構える

2 膝を浮かせずに、上体をひねる

Advice

かかとはまっすぐにキープ！

後ろ足のかかとが左右に傾かないまっすぐな状態をキープできる範囲内でひねり動作を行う。

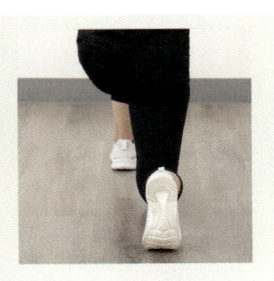

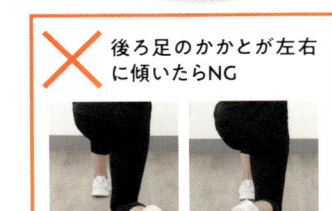

✕ 後ろ足のかかとが左右に傾いたらNG

Variation 05 ひねり動作の感覚を身につける

ツイスト&ヒールタッチ（バック・ウォーク）

 ツイスト&ヒールタッチでひねり動作の感覚や動かせる範囲が少しずつ大きくなってきたら、それを後ろ方向へ移動する動きに合わせて行ってみる。ひねり動作に加えてバランス感覚も身につけることができる。

回数 **8～10**歩を目安　難易度 ★★

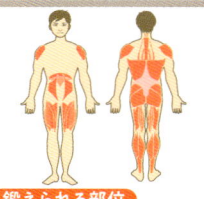

鍛えられる部位

大腿四頭筋・臀部・ハムストリングス・下腿部・内転筋・脊柱起立筋群・体幹部・広背筋・三角筋

3 体の軸を保ちながら、片足で立ち上がる

4 交互のひねりに合わせながら、一歩一歩後方へ移動していく

Advice

バランスをとる力もアップ！
ひねり動作に後ろ方向への移動が加わることで、バランスをとる必要性が出てくる。

進みながら

1 直立した姿勢から、足を後方へ踏み出す

2 ベントニー＋ツイスト＆ヒールタッチの状態をつくる

Variation 06 地面へのインパクトを強めて下半身強化

ステップイン／ステップバック

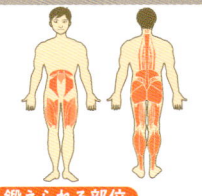

鍛えられる部位
大腿四頭筋・臀部・ハムストリングス・下腿部・内転筋・脊柱起立筋群・体幹部

片足ずつ踏み込むことによって、地面へのインパクト（衝撃）が強くなり、下半身を強化することができる。また、バランスをとるために体幹部への意識が高まる。

回数 片側**5〜10**回、もしくは交互に**10**回を目安　難易度 ★★

ステップイン

その場で

1 両足を腰幅程度に開き、直立姿勢で立つ

2 体の軸を保ちながら、片足を前方へ踏み出す

3 足が着地するタイミングで、膝と股関節をしっかりと曲げて、体を床と垂直に沈み込ませる

！ 沈み込んだ姿勢がランジの基本姿勢になるようにする

沈み込んだ姿勢から、前足で床を蹴って最初の直立姿勢に戻る

ステップバック

ステップインと同様の動作を後方へ踏み込んで行う種目で、ステップインよりも着地の際、足裏の接地面積が小さくなるので、よりバランス重視で行う種目となる。

その場で

1 両足を肩幅程度に開き、直立姿勢で立つ

2 体の軸を保ちながら、片足を後方へ踏み出す

3 足が着地するタイミングで、膝と股関節をしっかりと曲げて、体を床と垂直に沈み込ませる

沈み込んだ姿勢から、後ろ足で床を蹴って最初の直立姿勢に戻る

! 後ろ足で踏ん張ってバランスをとる

Advice

左右交互に行うか、片側だけを連続して行うか！

左右交互に足を出すやり方のほうが、動作のバランスはとりやすい。片側だけを連続して行うほうが動作的にキツくなるが、正しいフォームはインプットしやすい。

Variation 07

軸足のバランス感覚と踏み込む力を強化

ステップ・イン＆バック

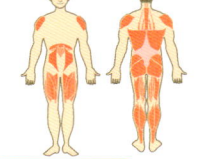

ステップインとステップバックを交互に行うことで、軸足のバランスをとる時間が長くなり、より体幹部への意識を高めることができる。バランス能力の改善にもつながる。

回数 片側・前後に**5～10**回往復を目安　**難易度** ★★

鍛えられる部位
大腿四頭筋・臀部・ハムストリングス・下腿筋・内転筋・脊柱起立筋群・体幹部・広背筋・三角筋

2 右が軸足のまま、後方へステップバックする

沈み込んだ姿勢から、後ろ足で床を蹴って片足立ちの状態（右が軸足）に戻る

その場で

1 片足立ちの状態（右が軸足）から、前方へステップインする

沈み込んだ姿勢から、前足で床を蹴って片足立ちの状態（右が軸足）に戻る

Advice

ボディバランスを崩さない！
ステップインからステップバック、ステップバックからステップインへそれぞれ移行する際、軸足でしっかりバランスをとり、ボディバランスを崩さないようにする。

Variation 08 連続動作の中でバランス能力と柔軟性をアップ

フォワード・ランジ・ウォーク

ステップイン・ランジを行いながら前方向へ移動することで、踏み込みのインパクトに加えて、バランス能力や柔軟性を高めることができる。

鍛えられる部位
大腿四頭筋・臀部・ハムストリングス・下腿部・内転筋・脊柱起立筋群・体幹部

回数 **8～10**歩を目安　難易度 ★★

進みながら

1 腰幅のスタンスで直立した姿勢で構える

2 ステップイン・ランジ同様に前方へ片足を踏み出す

3 足が着地するタイミングで、膝と股関節をしっかりと曲げて、体を床と垂直に沈み込ませる

Advice

歩幅をやや大きめに！

動作が連続するので、動きの中でのバランスや柔軟性も高まっていく。コンパクトに踏み込むより、やや大きめに踏み込むことで、テニスで使いやすい動きを身につけることができる。

4 踏み込んだ側のお尻にグッと力を入れて立ち上がり、後ろ足を前方へ移動させて踏み出す

5 同様に足を踏み出し、この動作を繰り返しながら前方へ移動していく

バック・ランジ・ウォーク

ステップバック・ランジを行いながら後ろ方向へ移動することで、踏み込みのインパクトに加えて、バランス能力や柔軟性を高めることができる。

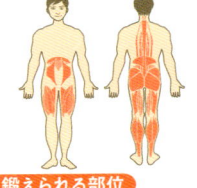

鍛えられる部位
大腿四頭筋・臀部・ハムストリングス・下腿部・内転筋・脊柱起立筋群・体幹部

回数 8〜10歩を目安　**難易度** ★★

4 後ろ足で踏ん張ってバランスをとりながら立ち上がり、体幹部をグッと意識しつつ前足を後方へ移動させて踏み出す

5 同様に足を踏み出し、この動作を繰り返しながら後方へ移動していく

Advice

歩幅をやや大きめに！

フォワード・ランジ・ウォーク同様、動作が連続するので、動きの中でのバランスや柔軟性も高まっていく。コンパクトに踏み込むより、やや大きめに踏み込むことで、テニスで使いやすい動きを身につけることができる。

進みながら

2 ステップバック・ランジ同様に後方へ片足を踏み出す

1 腰幅のスタンスで直立した姿勢で構える

3 足が着地するタイミングで、膝と股関節をしっかりと曲げて、体を床と垂直に沈み込ませる

Variation ⑩ ツイスト動作を加えて下半身の力を上半身へ
フォワード・ランジ・ウォーク（上肢ツイスト）

フォワード・ランジ・ウォークに、上半身のツイスト動作を加えることで、踏み込んだ力を、体幹部を経由して、上半身のひねり動作に伝えることができる。

鍛えられる部位
大腿四頭筋・臀部・ハムストリングス・下腿部・内転筋・脊柱起立筋群・体幹部・腹斜筋

回数 **8〜10**歩を目安　難易度 ★★

上から見ると、両肩と手のひらが三角形

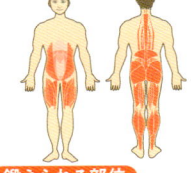

進みながら

2 前方へ片足を踏み出す

1 両足を腰幅程度に開き、直立姿勢で立つ。両手は胸の前へ伸ばして（肘を曲げない）、手のひらを合わせておく

Advice
上半身の動きにとらわれない！
動作がより複雑になるので、上半身の動きにとらわれすぎないようにして、踏み込んだ際に、膝など足のポジションにも気を配りながら行うこと。

3 パターン1 両腕の三角形をキープする

踏み込んだ足側に上半身をツイストする

ツイストしても
三角形をキープ

4 ひねり戻しながら立ち上がり、反対側の足を前方へ踏み出す。この動作を繰り返しながら前方へ移動していく

パターン2 両手を脇腹に引き寄せる

手のひらを合わせたまま脇腹に近づけて、肩甲骨を内側に寄せる

体を正面に向けたまま肩甲骨を内側に寄せることで、背中への意識が高まる

Variation ⑪ バランス動作を加えて下半身の力を上半身へ
バック・ランジ・ウォーク（片足バランス）

バック・ランジ・ウォークに、肩甲骨周辺の動きを加えることで、背部への意識を高め、後方へ移動しながら高い打点でボール処理する際のボディ・バランスをコントロールする能力を高める。

鍛えられる部位
大腿四頭筋・臀部・ハムストリングス・下腿部・内転筋・脊柱起立筋群・体幹部・広背筋・三角筋

4 同様に踏み出し、この動作を繰り返しながら後方へ移動していく

3 バランスをとりながら一気に立ち上がり、逆足の開始姿勢に戻る

4 同様に踏み出し、この動作を繰り返しながら後方へ移動していく

3 両肘を反対回しで前方へ回しながら、一気に立ち上がり、逆足の開始姿勢に戻る

Advice

足のポジションにも気を配る

体幹および肩甲骨周辺への意識を高めることが同時にできる種目。踏み込んだ際に、膝など足のポジションにも気を配りながら行うこと。

肘をまっすぐに伸ばし、両腕は耳の横

パターン1 伸び

進みながら

1 片足をおへその高さまで上げて片足立ちになり、伸びをした形でバランスをとって構える

2 上げている足を後方へ踏み出し、両手は下げる

パターン2 肩まわし

進みながら

1 片足をおへその高さまで上げて片足立ちになり、両手を肩につけて背中を丸めた状態でバランスをとって構える

2 両肘を後方へ回しながら、上げている足を後方へ踏み出す

胸を張り、肩甲骨を寄せる

柔軟性がある人は、両肘を上げている膝に近づけておく

Variation 12 動作の連続性、スピード・バランス感覚を養う
スプリット・ランジ・ジャンプ

 スクワット・ジャンプ（切り返しあり）同様に、神経系を刺激して、筋肉の瞬発的な力を発揮する能力を高める。

鍛えられる部位
大腿四頭筋・臀部・ハムストリングス・下腿部・内転筋・脊柱起立筋群・体幹部・大胸筋・広背筋・三角筋

回数 交互に**6～10**回を目安　難易度 ★★★

その場で

1 ランジの踏み込んだ姿勢で構える

両肘を軽く曲げて後方に少し引いておく

2 腕の振りに合わせて高くジャンプ

74

3 空中で前後の足を入れ替える（右足が前にある状態でジャンプした場合には、左足が前になる）

4 逆足のランジで踏み込んだ姿勢で着地する

! 着地と同時に腕を振り、再びジャンプする。この動作を繰り返す

Variation ⓭ 動作の連続性、スピード・バランス感覚を養う

シザース・ランジ・ジャンプ

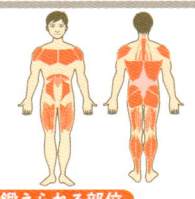

鍛えられる部位
大腿四頭筋・臀部・ハムストリングス・下腿部・内転筋・脊柱起立筋群・体幹部・大胸筋・広背筋・三角筋

 空中で、素早く足をさばく動作が入るので、股関節のキレのある鋭い動きに加え、より滞空時間を長くするための強い脚力と、体幹の強さを養うことができる。

回数 片側**5〜10**回を目安　難易度 ★★★

2 後ろ足を前方に振り出しながら高くジャンプ

その場で

1 ランジの踏み込んだ姿勢で構える

両腕は「よーい」の構えの状態

3 空中で前後の足を
シュパッと素早く
入れ替える

4 そのままスタート時
のランジ姿勢で着
地する

! 着地と同時に腕を
振り、再びジャン
プする。この動作
を繰り返す

Part
1
トレーニングの
基礎知識

Part
2
基本トレーニング・
カタログ

Part
3
障害予防のための
エクササイズ

Part
4
肩の障害予防
エクササイズ

Part
5
プロ・サーキット・
トレーニング

Variation ⑭ 股関節周辺の柔軟性を向上させる
スパイダー・サイド・ランジ

スクワットのしゃがみ込んだ姿勢に左右への重心移動を加えることで、股関節の硬さや左右差、動きなどを意識することができる。内ももの筋肉がより多く刺激され、柔軟性も向上させることができる。

鍛えられる部位
大腿四頭筋・臀部・ハムストリングス・下腿部・内転筋・脊柱起立筋群・体幹部

回数 交互に**5〜10**往復を目安　難易度 ★

その場で

1 スクワットのしゃがみ込んだ姿勢で構える

つま先はスクワットよりやや外側に向けると動作が楽になる

軽く胸を張る

A d v i c e

強度の調節

股関節が硬い人は、無理に床に両手をつこうとすると腰や背中が丸まってしまうので、浅めの角度で動作を行う。

78

Part
1
トレーニングの
基礎知識

Part
2
基本トレーニング・
カタログ

Part
3
障害予防のための
エクササイズ

Part
4
肩の障害予防
エクササイズ

Part
5
プロ・サーキット・
トレーニング

股関節の柔軟性に余裕がある人は、床に両手をついて前傾姿勢を強める。余裕がない人は浅めの角度で

2 片足を真横に出して、体重をスクワットしている側の足に乗せる

3 両手をクロスさせて反対方向へ体重を移動

4 反対側のランジに切り替える

！ 足裏が床から離れないように気をつける

Variation 15 股関節周辺の柔軟性を向上させる
ステップイン・サイド・ランジ

左右への重心移動に、踏み込むインパクトを加え、それを股関節でしっかりと受け止める。内ももなど下半身への刺激が強くなり、エクササイズの強度も上がる。

回数 片側5〜10回を目安　難易度 ★★

鍛えられる部位
大腿四頭筋・臀部・ハムストリングス・下腿部・内転筋・脊柱起立筋群・体幹部

その場で

1 両足を腰幅程度に開き、直立した姿勢で構える

2 片足を上げて、真横へ踏み出す

Advice

両サイドを交互に行う方法も
右に踏み出して戻ったら、すぐに左に
踏み出すやり方もある。

3 足が着地したら、膝と股関節を同時に曲げて、しっかりと踏み込む

スパイダー・サイド・ランジよりも上体を前傾させず、少し起こした姿勢

素早く床を蹴り返して、直立姿勢に戻る

✕ 動作中は体をひねらず、胸を正面に向けておく

Variation 16 パートナーと行って強度アップ
レジステッド・サイド・ランジ（2人組）

 ステップイン・サイド・ランジで、パートナーに力を加えてもらうことで、踏み込むインパクトをより強くして下半身を強化する。

鍛えられる部位
大腿四頭筋・臀部・ハムストリングス ・下腿部・内転筋群・脊柱起立筋群・体幹部

回数 片側 **5～10** 回を目安 **難易度** ★★

A d v i c e
力加減を調節する！
踏み込むインパクトが強くなると、切り返しの負荷も大きくなるので、パートナーは実施者のレベルに合わせて力加減を調節する。強すぎると切り返しで戻ってこられなくなる。

3 足が着地したら、膝と股関節を同時に曲げて、しっかりと踏み込む

素早く床を蹴り返して、直立姿勢に戻る

1 パートナーは、開始姿勢をとった実施者の横に立ち、肩を軽く押す

2 実施者は姿勢を崩さないように、真横に踏み出す

Variation ⑰ 横方向への踏み込みと移動を連続的に行う
サイド・ランジ・ウォーク

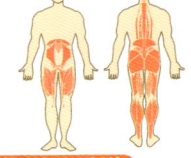

鍛えられる部位
大腿四頭筋・臀部・ハムストリングス・下腿部・内転筋群・脊柱起立筋群・体幹部

ステップイン・サイド・ランジの動作を移動しながら行うことで、横方向への重心移動にともなう体の軸づくりに役立つ。軸のイメージを保ちながら、横方向への移動や力発揮など、体の動かし方を身につけることができる。

回数 片側**8**～**10**歩を目安　**難易度** ★★

体の軸は中心から進行方向へ移動する

3 踏み込んだ足側に体重を乗せ、軸を保ちながら立ち上がる

✕ バランスを崩さないように

✕ 後ろ足で蹴って立ち上がらない

Part
1
トレーニングの
基礎知識

Part
2
基本トレーニング・
カタログ

Part
3
障害予防のための
エクササイズ

Part
4
肩の障害予防
エクササイズ

Part
5
プロ・サーキット・
トレーニング

進みながら

1 両足を腰幅程度に開いて直立姿勢で構える

2 片足を真横へ踏み出し、膝と股関節を同時に曲げて、しっかりと踏み込む

! スクワットのような姿勢で踏み込む

Variation 18 サイド・ランジの踏み込んだときの姿勢づくり

サイド・ランジ・サークル

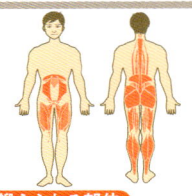

サイド・ランジの踏み込んだ状態を保持して、インパクト時の姿勢をつくり、踏み込みの安定性を高める。片足で体重を受け止める感覚が身につくことで、力強さと柔らかさを兼ね備えた体の使い方を身につけることができる。

鍛えられる部位
大腿四頭筋・臀部・ハムストリングス・下腿部・内転筋群・脊柱起立筋群・体幹部

回数 片側・前後各 **8〜10**歩を目安　難易度 ★★

その場で

1 サイド・ランジの踏み込んだ状態（ボトムポジション）をつくる

2 伸ばした足を中心軸に、半円を描きながら半歩ずつ移動する

3 足を移動しながら、ボトムポジションを維持する

股関節・膝・足首を柔らかく使いながら、踏み込んでいく

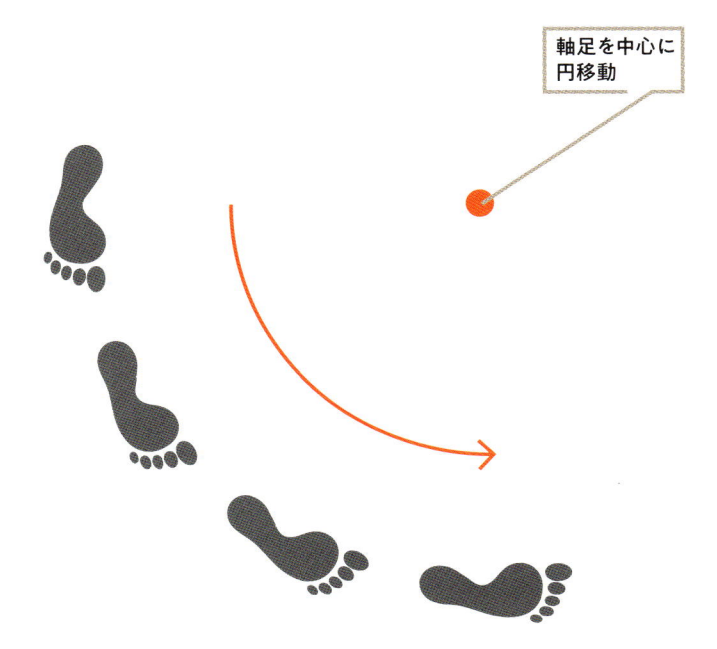

軸足を中心に
円移動

Part
1
トレーニングの
基礎知識

Part
2
基本トレーニング・
カタログ

Part
3
障害予防のための
エクササイズ

Part
4
宵の障害予防
エクササイズ

Part
5
プロ・サーキット・
トレーニング

Advice

軽く足を浮かせて

移動するときには軽く足を浮かせながら
行う。

Advice

股関節で衝撃吸収！

股関節をクッションのように使い、衝撃
を吸収しながら動作を行う。

Variation ⑲ 腰のひねり動作、お尻・股関節周辺の柔軟性向上

クロス・ランジ（ステップイン／ステップバック）

足をクロスさせることで、腰をひねる感覚を身につける。お尻や股関節周辺の筋肉をより多く刺激できるので、これらの柔軟性も高めることができる。

回数 片側**5〜10**回、もしくは交互に**10**回を目安　**難易度** ★★

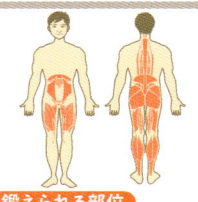

鍛えられる部位
大腿四頭筋・臀部・ハムストリングス・下腿部・内転筋群・脊柱起立筋群・体幹部

ステップイン

その場で

1 両足を肩幅程度に開き、直立姿勢で立つ

2 片足を前方へ、体の中心ラインより内側にクロスさせて踏み出す

踏み込み足で素早く床を蹴り返して、直立姿勢に戻る

つま先は正面

Advice

体は常に正面に！
ステップイン、ステップバックともに、体を常に正面に向けておくことで、腰のひねり動作を強めて、意識を高めることができる。

ステップバック

その場で

1 両足を肩幅程度に開き、直立姿勢で立つ

2 片足を後方へ、体の中心ラインより内側にクロスさせて踏み出す

後ろ足で踏ん張ってバランスをとる

バランスを崩さないように、踏み込み足で床を蹴り返して、前足に体重をかけながら直立姿勢に戻る

! 軸足をしっかり曲げて、お尻の筋肉を刺激する

Variation 20 連続動作の中でバランス能力と柔軟性をアップ

クロス・ランジ・ウォーク（フォワード／バック）

クロス・ランジ（ステップイン／ステップバック）を行いながら前方向・後ろ方向へそれぞれ移動することで、踏み込みのインパクトに加えて、バランス能力や柔軟性を高めることができる。

回数 **8〜10**歩を目安　難易度 ★★

鍛えられる部位
大腿四頭筋・臀部・ハムストリングス・下腿部・内転筋・脊柱起立筋群・体幹部

フォワード

進みながら

1 直立姿勢から片足を前方へ踏み出す

2 体の中心ラインより内側にクロスさせて踏み出す

3 踏み込んだ足に体重を乗せて立ち上がる

4 反対足に切り替えて踏み出す

! お尻を使って立ち上がる意識

この動作を繰り返しながら前方へ移動する

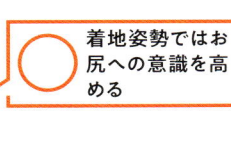

○ 着地姿勢ではお尻への意識を高める

× 着地姿勢で腰をひねりすぎて、体が正面を向いていないのはNG!

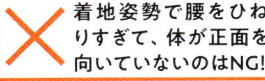

バック

1 直立姿勢から片足を後方へ踏み出す

進みながら

3 踏み込んだ後ろ足で踏ん張ってバランスをとり、前足で蹴って立ち上がる

4 体幹部をグッと意識しながら、反対足に切り替えて踏み出す

2 体の中心ラインより内側にクロスさせて踏み出す

フォワードよりもバックのほうがバランスはとりづらくなるので、体幹部への意識も高くなる

この動作を繰り返しながら後方へ移動する

ランジ

Variation ㉑ クロス・ランジ動作を肩甲骨周辺の動きにつなげる

ロウイング・クロス・ランジ・ウォーク

クロス・ランジ・ウォーク（バック）に、肩甲骨を引き寄せる動作を加えることで、背部への意識が高まり、後方へ移動しながらボール処理する際のボディ・バランスをコントロールする能力を向上させることができる。

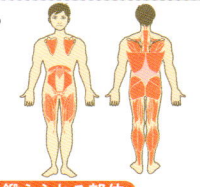

鍛えられる部位
大腿四頭筋・臀部・ハムストリングス・下腿部・内転筋群・脊柱起立筋群・体幹部・広背筋・肩甲骨周辺

回数 **8～10**歩を目安　難易度 ★★

6 同様に足を踏み出し、この動作を繰り返しながら後方へ移動していく

5 体幹部をグッと意識しながら、前足を後方へ移動させる

4 両手を前に出しながら、踏み込んだ後ろ足で踏ん張ってバランスをとり、前足で蹴って立ち上がる

Advice

ボートを漕ぐように
ロウイングとはボートを漕ぐということ。ボートを漕ぐような感じで肩甲骨を寄せる動きを引き出そう。

進みながら

3 両腕を後方へ引いて肩甲骨を寄せながら、体の中心ラインより内側にクロスさせて踏み出す

2 体幹部をグッと意識しながら、片足を後方へ移動させる

1 両手を前に伸ばして、直立姿勢で構える

! 後ろ足で踏ん張ってバランスをとる

! 軸足をしっかり曲げて、お尻の筋肉を刺激する

Variation 22 内もも・股関節周辺のストレッチを重点的に
ワイドスタンス・ランジ・ウォーク

内もも・股関節周辺の柔軟性を向上させることで、スタンスを広くとれるようになる。実際のテニス動作においても体の軸やバランスがとりやすくなる。

鍛えられる部位
大腿四頭筋・臀部・ハムストリングス・下腿部・内転筋群・脊柱起立筋群・体幹部

回数 **8〜10**歩を目安　難易度 ★★

3 踏み出した前足側に体重をかけて立ち上がる

4 反対の足を斜め前方向へ大きく踏み出す

この動作を繰り返しながら移動していく

進みながら

1 両足を肩幅程度に開いて直立姿勢で構える

2 斜め前方向に大きく踏み出す

⚠ 体は正面に向けたまま

⚠ 内もものストレッチを感じながら

A d v i c e

バリエーション豊富なランジ
バリエーションがとても多いランジ。部活全体では基本的な種目を行い、個人ではそれぞれの目的に応じた種目をチョイスして行うなど、汎用性のある、取り入れやすいエクササイズといえる。

シコ（腰割り）

相撲のどっしり腰を落とした「腰割り」の状態。大きく開脚して腰を落とすので、股関節やその周辺の筋肉の柔軟性が高まり、体の中心に位置する骨盤の歪みなどを改善できる。

下半身を酷使するテニス競技では、股関節が硬くなりがち。股関節周辺の歪みや柔軟性を改善・向上させることで、正確でしなやかな動きを身につけることができる。

回数 **10**回を目安　難易度 ★

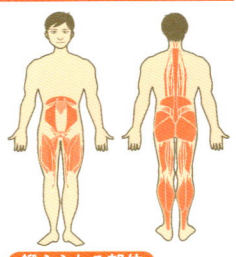

鍛えられる部位
大腿四頭筋・臀部・ハムストリングス・下腿部・内転筋群・脊柱起立筋群・体幹部

1 両足を肩幅よりも広く開き、つま先を外側に向ける

左足　右足
頭

つま先は上から見て90〜120度くらい開くのを目安にする

A d v i c e
180度まで開ける!?
股関節が柔らかければ、フォームを崩さず180度まで開ける人もいる。ただし、無理は禁物。

正しいフォームのための声かけ！

✕ 背中を丸めない！

✕ 背中を反りすぎない！

✕ 膝とつま先は同じ方向！

2 背すじをまっすぐに保ち、膝の高さまで腰を落とす

スタンスの広さはスネが床と垂直になる程度。膝とつま先は同じ方向を向かせる

❗ 腰を落とすのは膝の高さまで。それ以上は負担が大きくなってしまうので注意

❗ お尻を締めて、股関節が伸ばされる感覚を意識する。息を止めず自然な呼吸を心がける

❗ くるぶし下で体重を受け止め、足裏全体で体重を感じる

Variation 01 基本動作に左右の動きをプラス
シコ・ムーヴ

股関節の柔軟性を高める効果があり、シコ(腰割り)の基本動作を習得するのに役立つ。

回数 片側**3～5**秒キープ・交互に**8～10**回を目安　**難易度** ★

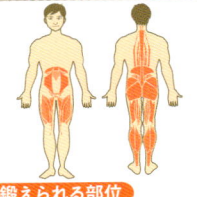

鍛えられる部位
大腿四頭筋・臀部・ハムストリングス・下腿部・内転筋群・脊柱起立筋群・体幹部

2 重心をやや右方向に移動して、体勢をキープする

1 シコ(腰割り)の腰を落とした状態で構える

98

Part
1
トレーニングの
基礎知識

Part
2
基本トレーニング・
カタログ

Part
3
障害予防のための
エクササイズ

Part
4
肩の障害予防
エクササイズ

Part
5
プロ・サーキット・
トレーニング

Advice

柔軟性向上の効果を実感！

この動作を行う前後に、股関節をグル
グル回して比べてみると、明らかにシコ・
ムーヴを行ったあとのほうがスムーズに
動く感覚を味わうことができる。

3 腰の高さを変えないで、
重心を左方向へ移動し
て、体勢をキープする。
この動作を繰り返す

！ 姿勢を崩さないように気
をつける

Variation 02 基本動作に複雑な動きをプラス

シコ・エイト

股関節の柔軟性を高める効果があり、シコ(腰割り)の基本動作を習得するのに役立つ。シコ(腰割り)の基本形よりも、股関節周辺の動きづくりの要素が強くなる。

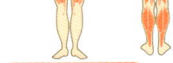

鍛えられる部位
大腿四頭筋・臀部・ハムストリングス・下腿部・内転筋群・脊柱起立筋群・体幹部

回数 右回り左回り各**5〜10**回を目安 **難易度** ★

1 シコ(腰割り)の腰を落とした状態で構える。正面から見て、腰の中心で8の字を描く

2 右回り・左回りで動作
を繰り返す

! 姿勢を崩さない
ように気をつける

Part
1
トレーニングの
基礎知識

Part
2
基本トレーニング・
カタログ

Part
3
障害予防のための
エクササイズ

Part
4
肩の障害予防
エクササイズ

Part
5
プロ・サーキット・
トレーニング

Variation **03** 基本動作で前後左右に移動

シコ・ウォーク（前後、左右）

股関節の柔軟性を高める効果があり、シコ（腰割り）の基本動作を習得するのに役立つ。シコ（腰割り）の基本形に、股関節へのインパクトが加わるので、筋力も身につけることができる。

回数 **8～10**歩を目安　**難易度** ★★

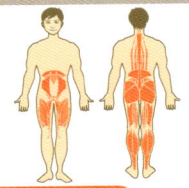

鍛えられる部位
大腿四頭筋・臀部・ハムストリングス・下腿部・内転筋群・脊柱起立筋群・体幹部

前後

進みながら

1 シコ（腰割り）の腰を落とした状態で構え、左足を半歩前に

2 右足を半歩前に

姿勢を崩さないように気をつける

3 左足を半歩前に

このように、右足と左足を交互に半歩ずつ前方に出して、移動していく（後方も同様）

Advice

体重を股関節で受け止める!

足の着地はかかとから、一歩一歩しっかり踏み込んでいく。前後左右どちらに動くときも体重を股関節で受け止めながら移動していく。

左右

進みながら

1 シコ(腰割り)の腰を落とした状態で構え、右足を半歩横に

2 左足を半歩横に

3 右足を半歩横に

このように、右足と左足を交互に半歩ずつ横方向に出して、移動していく(左方向も同様)

Variation 04 基本動作にジャンプをプラス
開脚シコ・ジャンプ

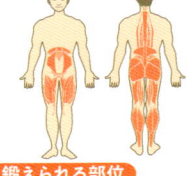

ジャンプ動作を加えて、股関節へのインパクトをさらに強める。エクササイズの強度は高く、股関節周辺の筋力強化に役立つ。

鍛えられる部位
大腿四頭筋・臀部・ハムストリングス・下腿部・内転筋群・脊柱起立筋群・体幹部

回数 **5〜10**回を目安 　難易度 ★★

1 直立の姿勢から、2回 その場でジャンプする

2 2回目のジャンプのあとに、シコ（腰割り）の姿勢で着地する

両足で床を蹴り上げ、再びその場でジャンプをし、動作を繰り返す

Variation 05 全身を使って行う複合種目

プッシュアップ・ジャンプ＋シコ

 シコ（腰割り）の基本動作とプッシュアップ・ジャンプを組み合わせることで、全身を使った種目となる。かなり強度は高いが、全身のコーディネーション能力を身につけることができる。

鍛えられる部位
大腿四頭筋・臀部・ハムストリングス・下腿部・内転筋群・脊柱起立筋群・体幹部・大胸筋・三角筋・上腕三頭筋

 **回数** **5～10**回を目安 **難易度** ★★★

1 プッシュアップの開始姿勢で構える

2 プッシュアップ・ジャンプを行う

3 体を突き上げた直後に
カエルのように両足を
引きつける

4 シコの姿勢をしっかり
とつくって着地する

5 両足を後方へ蹴るよう
に突き出して、素早く
プッシュアップの開始姿
勢に戻る。この動作を
繰り返す

Advice
躍動感が大事！
素早い躍動感のある動きを、全身を使っ
て思いっきり表現する。

Part
1
トレーニングの
基礎知識

Part
2
基本トレーニング・
カタログ

Part
3
障害予防のための
エクササイズ

Part
4
肩の障害予防
エクササイズ

Part
5
プロ・サーキット・
トレーニング

バーピー

スクワットやプッシュアップ、ジャンプなど、基本的なエクササイズを組み合わせた、全身の筋肉を使って行う古典的種目。瞬発系の要素を加えたり、回数を重ねることで筋肉や心肺機能などの持久性を高めたりすることができる。

下半身の力を上半身に伝えたり、上半身で下半身の動きを引き出したりすることで、動きの連動性・効率性を高めることができる。試合や練習でキツくなった場合でも、もうひと踏ん張りできる力を身につけることができる。

回数 **5〜10**回を目安　難易度 ★★

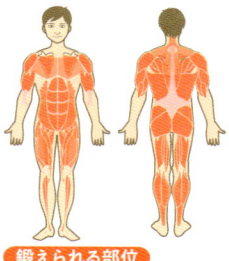

鍛えられる部位
全身

1 直立の姿勢で構える

Advice

体幹を意識して動きにキレを出す!
直立姿勢のときも、プッシュアップの姿勢のときも、腰を反ったり、お尻を突き出したりしないように、動作中は常に体幹を意識することが大事!

2 しゃがんで両手を床につけたら、両足を後方へ蹴り出して、プッシュアップの姿勢をつくる

両足は肩幅もしくは肩幅よりやや広めのスタンス

3 腹筋を意識して、両足を胸に素早く引きつけて、しゃがんだ状態に戻す

✕

腰を反っている

お尻を突き出している

4 そこから一気に立ち上がり、直立の姿勢でピタッと止まる

❗ 立ち上がった瞬間、体幹をグッと引き締める

➡ 再びしゃがみ込み、動作を繰り返す

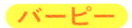

Variation 01 バーピーに瞬発系の要素をプラス

両足バーピー＋ジャンプ

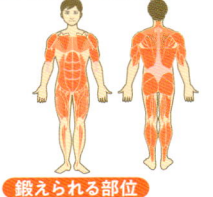

両足バーピーにジャンプ動作を足すことで、動きの連動性に加えて、瞬発系の要素がプラスされ、トレーニング強度を上げることができる。

鍛えられる部位
全身

回数 **5〜10**回を目安　**難易度** ★★

1 1から3まではバーピーの流れと同じ。まず直立の姿勢で構える

2 しゃがんで両手を床につけたら、両足を後方へ蹴り出して、プッシュアップの姿勢をつくる

3 腹筋を意識して、両足を胸に素早く引きつけて、しゃがんだ状態に戻す

4 そこから一気に立ち上がり、そのまま両手を上げてジャンプする

5 着地したら素早くしゃがんで、動作を繰り返す

Variation 02 バーピーに瞬発・バランス系の要素をプラス

片足バーピー＋ジャンプ

両足バーピー＋ジャンプを片足で行うことで、動きの連動性・瞬発系の要素に加えて、バランス系の要素がプラスされ、動作の難易度とトレーニング強度をさらに上げることができる。

回数 **5〜10**回を目安　難易度 ★★★

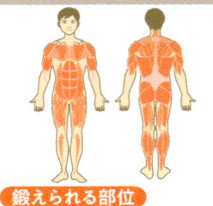

鍛えられる部位
全身

1 片足でバランスをとり、直立の姿勢で構える

2 しゃがんで両手を床につけたら、片足を後方へ蹴り出して、片足プッシュアップの姿勢をつくる

! バランスを崩さないように、体幹をグッと引き締める

3 腹筋を意識して、片足を胸に素早く引きつけて、しゃがんだ状態に戻す

Part
1
トレーニングの
基礎知識

Part
2
基本トレーニング・
カタログ

Part
3
障害予防のための
エクササイズ

Part
4
肩の障害予防
エクササイズ

Part
5
プロ・サーキット・
トレーニング

Advice

肩まわりへの刺激と体幹の意識をアップ
片足で行うだけで、バランスがとりづら
くなるので、肩まわりへの刺激や体幹の
意識をより強めることができる。

4 そこから一気に立ち上
がり、そのまま両手を
上げてジャンプする

5 着地したら素早くしゃが
んで、動作を繰り返す

Variation 03 バービーにさまざまなジャンプ動作をプラス

両足バービー＋タック・ジャンプ／ファイアーワークス・ジャンプ

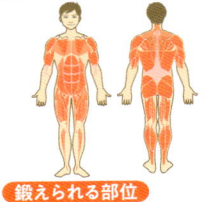

両足バービーにジャンプ動作を加えることで、動きの連動性に加えて、瞬発系の要素がプラスされる。さらにジャンプのバリエーションを増やすことで、動作の巧みさを身につけながら、トレーニング強度を上げることができる。

鍛えられる部位
全身

回数 片側**5〜10**回を目安 **難易度** ★★★

1 1から3まではバービーの流れと同じ。まず直立の姿勢で構える

2 しゃがんで両手を床につけたら、両足を後方へ蹴り出して、プッシュアップの姿勢をつくる

3 腹筋を意識して、両足を胸に素早く引きつけて、しゃがんだ状態に戻す

4

タック・ジャンプ

そこから一気に立ち上がり、そのまま両膝を抱えてジャンプする

ファイアーワークス・ジャンプ

そこから一気に立ち上がり、そのまま両手両足を大きく広げてジャンプする

開脚トゥタッチ・ジャンプ

身体能力の高い人は、こんなジャンプにも挑戦してみてもいい

Variation 04 バーピーにジャンプとプッシュアップ動作をプラス

両足バーピー＋プッシュアップ＋ジャンプ

 両足バーピーにジャンプとプッシュアップ動作を加えることで、瞬発力と上半身強化を同時に行うことができる。上半身の負荷が大きくなるので、トレーニング強度をさらに上げることができる。

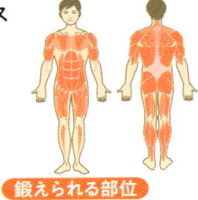

鍛えられる部位
全身

回数 **5～10**回を目安　難易度 ★★★

1 1から2まではバーピーの流れと同じ。まず直立の姿勢で構える

2 しゃがんで両手を床につけたら、両足を後方へ蹴り出して、プッシュアップの姿勢をつくる

3 プッシュアップを1回行う

4 腹筋を意識して、両足を胸に素早く引きつけて、しゃがんだ状態に戻す

5 そこから一気に立ち上がり、そのまま両手を上げてジャンプする

6 着地したら素早くしゃがんで、動作を繰り返す

Variation 05 バーピーにジャンプと開閉脚の動作をプラス

両足バーピー＋開閉脚＋ジャンプ

両足バーピーにジャンプと足を開いて閉じる動作を加えることで、瞬発力と体幹強化を同時に行うことができる。体幹部の意識が高まるので、トレーニング強度をさらに上げることができる。

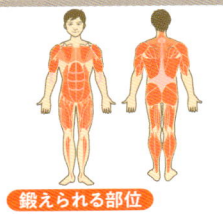

鍛えられる部位
全身

回数 5～10回を目安 **難易度** ★★★

1 1から2まではバーピーの流れと同じ。まず直立の姿勢で構える

2 しゃがんで両手を床につけたら、両足を後方へ蹴り出して、プッシュアップの姿勢をつくる

3 両足を開く

両足が床に着地する瞬間、グッグッと体幹の意識を高める

4 両足を閉じる

5 腹筋を意識して、両足を胸に素早く引きつけて、しゃがんだ状態に戻す

6 そこから一気に立ち上がり、そのまま両手を上げてジャンプする

7 着地したら素早くしゃがんで、動作を繰り返す

Variation 06 バーピーを2人組で行う

両足バーピー+ハイタッチ(2人組)

両足バーピーを動作のスピードやタイミングを合わせながらパートナーと行う。身長や体力レベルが近い者同士で行うことで、お互いの運動能力を最大限に引き出すことができる。

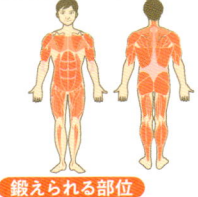

鍛えられる部位
全身

回数 **5〜10**回を目安　難易度 ★★★

1 2人で向かい合い、直立姿勢で構える。1から3まではバーピーの流れと同じ

お互いぶつからない距離で向かい合う

2 しゃがんで両手を床につけたら、両足を後方へ蹴り出して、プッシュアップの姿勢をつくる

3 腹筋を意識して、両足を胸に素早く引きつけて、しゃがんだ状態に戻す

4 そこから一気に立ち上がり、直立の姿勢でピタッと止まってからハイタッチする

こちらは、ジャンプしてハイタッチするバージョン

Advice

お互い息を合わせて！

声をかけ合うなど、パートナーと息を合わせて楽しく行うことができる種目。笑顔でパートナーのことも考えながら繰り返そう！

ストリクト・クランチ

いわゆる腹筋（シックスパック）といわれる部分をトレーニングできる種目。姿勢保持やその改善などに役立つ。テニス競技で重要な、体幹部の前屈動作・側屈動作・回旋動作など、あらゆる動きにかかわってくる。

体幹部の前屈、側屈、回旋などの動作にかかわりながら、腹筋部分を強化する。姿勢保持やその改善に役立つエクササイズ。

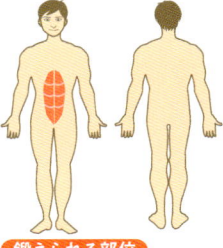

鍛えられる部位
腹直筋

回数 **10～20**回を目安　難易度 ★

1
両足を軽く開き、両膝を90度に曲げておく

頭、肩、肩甲骨は床につけておく

両手は太ももの前面、足の付け根あたりに軽く添えておく

Advice

腰痛予防に役立つ

腹筋部分が弱すぎたり強すぎたりすると、腰痛などを引き起こす要因ともなる。しっかりと強化しておくべき部分だが、やりすぎないように、ほどほどに行うのがコツとなる。

2 息をゆっくり吐きながら、自分のおへそを見るように上体を起こしていく

⚠️ 頭→肩→肩甲骨の順に床から上がっていく

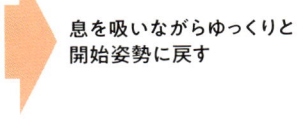

息を吸いながらゆっくりと開始姿勢に戻す

Variation 01　動作をキープして腹筋への意識を高める

エアー・プッシュ

空気の壁を押すようにして、動作をキープすることで、腹筋が収縮している感覚を強制的に意識することができる。

時間 **10〜20秒**キープを目安　**難易度** ★

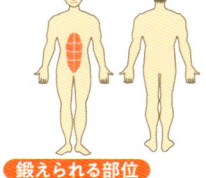

鍛えられる部位
腹直筋

1 両足を閉じて上げた状態で、股関節と両膝を90度に曲げて構える

！ 手のひらは開いて上に向け、両肘を伸ばした状態で、お尻の横あたりに

2 息を吐きながら、自分のおへそを見るように上体を起こしていく。この状態を数秒キープしたら元に戻る

！ 空気の壁があるように両手を押し込んでいく感じ

Advice
動作中、息は止めない！
キープ中に息を吐き切ってしまった場合でも、息は止めずに腹筋への意識を保ちながら、細く呼吸をしてキープを続ける。

Variation 02 動作スピードに強弱をつけて、腹筋を強化

スロー／クイック

スローでは通常のストリクト・クランチの動作をゆっくりと、クイックでは猛スピードで行う。それぞれ違った刺激で腹筋部分を強化することができる。

鍛えられる部位
腹直筋

回数 **10〜20回**を目安　難易度 ★

スロー

1 ストリクト・クランチの開始姿勢で構える

2 上げる動作、下げる動作をゆっくりと行う

> ❗ エアー・プッシュと同様に、息は止めずに腹筋への意識を保ちながら、細く呼吸する

5秒で
上がり
5秒で
下がる

クイック

ストリクト・クランチの動作を、あり得ないくらいのスピードで、素早く連続ノンストップで行う

> ❗ 息は止めずに、細かく速く呼吸を行う

高速で
10〜20回

Variation 03 クランチ動作に腹斜筋への刺激をプラス

サイド・ヒール・タッチ

ストリクト・クランチに体を曲げる（側屈）動作を加えることで、腹直筋だけでなく腹斜筋も強化することができる。

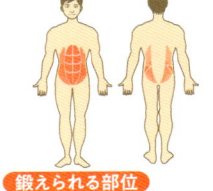

鍛えられる部位
腹直筋・腹斜筋

回数 片側**10**回を目安　**難易度** ★

1

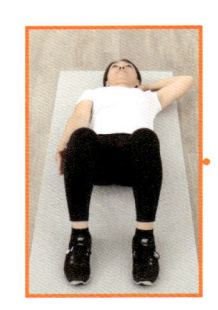

片手をお尻のほうへ伸ばし、もう一方は耳の裏あたりに添えて、構える

2

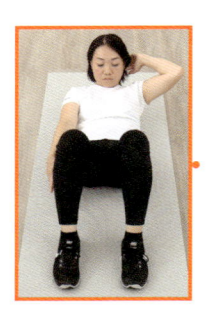

息をゆっくり吐きながら、自分のおへそを見るように上体を起こしていく

3

ひと呼吸おいてから、息を吐きながら外側のくるぶしをタッチするように体を側屈させて戻る

Advice

強度をアップするには

開始姿勢に戻らず、腹筋を使っている状態を維持したまま、2・3のかかとにタッチする動作だけを繰り返すと強度がアップする。

両足は軽く広げ、両膝を90度に曲げておく

頭、肩、肩甲骨の順に上げていく

外くるぶしにタッチするか、これ以上曲げられない状態までもっていく

Variation 04 クランチ動作に肩まわりの動きづくりをプラス

バタフライ・クランチ

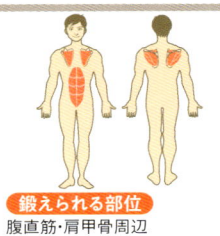

ストリクト・クランチに肩を回す動作を加えることで、腹直筋だけでなく、肩甲骨周辺の筋肉も刺激することができる。

鍛えられる部位
腹直筋・肩甲骨周辺

回数 前回し後ろ回し各 **5〜10**回転を目安 **難易度** ★★

1 両手を肩に添えて、両足を軽く開き、両膝を90度に曲げておく

2 両腕を外から内側に回しながら、自分のおへそを見るように上体を起こしていく

このとき息は吐く

3 両腕をさらに回しながら息を吸い、元に戻る

この動作を繰り返す（反対回転でも同様に行える）

クランチとシットアップの違いとは?

　頭から腰まで、床から上体すべてを起こすのが「シットアップ」。学校の体力測定で行われる「上体起こし」は、このシットアップを指します。腹筋運動といえば、こちらをイメージする人も多いでしょう。

　背中を丸めて、腰を床から離さないで上体を起こすのが「クランチ」。どちらも効果的に腹筋を鍛えられる種目ではありますが、部活でおすすめなのは、どちらかといえばクランチです。

　シットアップとクランチでは、動作の支点となる部分が違います。シットアップが股関節あたりなのに対して、クランチはおへその上あたり。支点が違うことで、使われる筋肉も違ってきます。シットアップでは、腹部のほかにも、股関節を曲げる動作で使われる腸腰筋や大腿直筋など腹部以外の筋群が使われるのに対して、クランチでは腹部(上部)のみが使われます。

　腹部以外の筋肉も使って動作が行えるシットアップは、動作の反動も使えてしまうので、強引に動作を継続しようとすると、腰や首などを痛めてしまいます。逆に反動が使えないクランチでは、そのようなリスクが少ないといえます。

　走ったり、跳んだりする動作・ブレーキ動作などで必要不可欠な腸腰筋・大腿直筋などを同時に強化できるシットアップは、なかなか魅力的な種目ですが、部活におけるケガのリスク管理を優先すると、クランチのほうが安全かつ効果的に腹部のみを強化できる種目といえるでしょう。腸腰筋や大腿直筋などの筋群は、スクワットやランジでも十分に強化することができるので、部活では「クランチ」がおすすめというこ とになります。

シットアップの収縮姿勢

クランチの収縮姿勢

Part

障害予防のための
エクササイズ

競技を続けていくうえでケガの予防は欠かせません。
テニス競技で酷使する足や股関節まわりなどを、
セルフケアできるストレッチなどのエクササイズを紹介します。
ウォームアップ、クールダウンにも使えるメニューです。

常に動かしやすい状態を維持しておくために

股関節まわり、足は酷使されて硬くなりがち

　テニス競技の場合、激しい切り返し動作や、ダッシュやストップ動作などの繰り返しによって、股関節まわりや足が酷使され続けています。このパートで紹介する腸腰筋やハムストリングスのストレッチは、サーフェスをしっかり踏み込んで蹴り返す動作に影響する筋群がターゲットです。

　腸腰筋は、股関節を屈曲させて足を持ち上げるのに重要な役割を果たしますが、姿勢づくりにも関係しています。また、テニス競技だけでなく、あらゆるスポーツの下半身の動きにも関係してきます。

　お尻の下あたりで太ももの後ろ側にある

腸腰筋

ハムストリングス

ハムストリングスは、ダッシュやジャンプ動作に使われる筋群ですが、軸足で地面を蹴ったり踏ん張ったりする動作局面でも、非常に重要な役割を果たします。

このように運動量の多い股関節まわり、足は、酷使されることによって硬くなりがちです。ストレッチなどのエクササイズでしっかりその部位にアプローチをし、常に動かしやすい状態をキープすることが大切になってきます。

ケガ予防を第一に
アップとダウンにも活用

ストレッチは、ケガ予防のためには欠かせません。ウォームアップ、クールダウンの補足として行うことで、その効果も高まるので、大いに活用してほしいと思います。

注意点は、①伸ばしているところを意識すること、②無理に伸ばしすぎないこと、③息を吐きながら伸ばすことです。実際にやっているところを見ていると、硬いのを気にしているのか、無理をして伸ばしすぎている人が非常に多いことに気づきます。無理して伸ばすのではなく、どこを伸ばしているのかを意識して、20 〜 30秒、ゆっくりじっくり伸ばします。

このパートでは偏りなく行えるように種目を選んでいますので、トレーニングの前

ストレッチのポイント

1	伸ばしているところを意識
2	無理に伸ばしすぎない
3	息を吐きながら伸ばす
4	20〜30秒じっくりと

後に調整のために行うのもいいと思います。

プロの選手は
クールダウンに時間をかける

激しい練習や試合をしたあとには、体を心身ともに正常な状態に戻すために、クールダウンをする必要があります。

運動中には、心臓から血液が送り出され、筋肉が縮んだり緩んだりする作用を利用して、送り出された血液を心臓に戻しています（144 ページのコラム 3 ：ミルキング・アクション参照）。しかし、急に運動を中止してしまうと、血液の流れにアンバランスが生じ、脳が一時的な酸欠状態になって、めまいや失神、吐き気などを引き起こしてしまいます。

私も学生時代、激しいダッシュを繰り返すトレーニングを行っていたときに、突然の集合がかかり、全員整列した数秒後に部員の2人が失神してバタバタと倒れたのを目の当たりにして、恐怖を覚えたことがあります。

試合や練習中にダッシュや切り返し動作が反復されるテニス競技では、筋肉が酸性に傾いて錆びたような状態になり、疲労物質が溜まりやすくなります。しかし、運動後のクールダウンによって血液循環のよい状態が維持されることで、筋肉内に溜まった疲労物質を洗い流し、筋肉をリフレッシュさせる時間を短くすることができます。

プロ選手たちは、次の日の試合や練習でもよいパフォーマンスを引き出せるように、クールダウンに時間をかけています。「明日のための準備力」で差がつく世界に生きるプロ選手にとって、クールダウンは重要な習慣のひとつといえるのです。

腸腰筋ストレッチ（3段階）

腸腰筋はダッシュやジャンプ動作だけでなく、姿勢づくりにも関係している筋群。テニスだけでなく、あらゆるスポーツの下半身の動きに影響する。地面からの反発力をダイレクトに受ける部分だけに、常にアプローチしておきたい。

ダッシュやストップ、サーフェスをしっかり踏み込んで蹴り返す動作など、テニス動作の起点ともいえる部分へのアプローチは、常に必要となってくる。毎日のケアが明日のパフォーマンスにつながる。

刺激される部位
腸腰筋

（時間）片側**10〜30**秒を目安　（難易度）★

レベル1

1 片膝を立てて、両手を膝の上に置く

2 腰を前方に押し出して、足の付け根部分（腸腰筋）をストレッチする

！ 胸を軽く張って、前屈みにならないように気をつける

レベル2

1 片膝を立てて、両手を胸の前へ伸ばす

! 手を上げることで、腸腰筋が上方へ引っ張られて、よりストレッチされる

2 両手を頭上に上げて、足の付け根部分（腸腰筋）をストレッチする

レベル3

1 片膝を立てて、後ろ足側の手を頭上に上げる

2 体側を伸ばしながら、足の付け根部分（腸腰筋）をストレッチする

! 手を上げた状態で体側を伸ばすと、腸腰筋がより強くストレッチされる

ハムストリングス・ストレッチ（ニーリング）

ハムストリングスはダッシュ、スライド、ランジ動作でも使われる筋群で、硬くて緊張しすぎたり、大腿四頭筋に比べて筋力が弱かったりすると肉離れなどケガのリスクが高くなる。毎日、時間をかけて十分に回復させておきたい。

軸足で地面を強く蹴ったり、踏ん張ったりする動作局面でも重要な役割を果たす。プレースタイルによって疲労度が変わってくる部分なので、個人に見合ったアプローチで毎日ケアしたい。

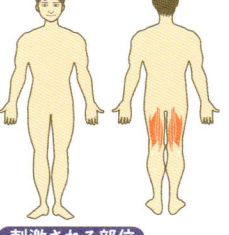

刺激される部位
ハムストリングス

時間 片側**10～30**秒を目安　**難易度** ★

1 片膝を立てて、片足を前に出した状態で、つま先を真上に向ける

！ 軽く胸を張り、背すじを伸ばしておく

2

足の付け根部分から体を折り曲げて、ハムストリングスをストレッチする

背中を丸めないように気をつける

Part
1
トレーニングの基礎知識

Part
2
基本トレーニング・カタログ

Part
3
障害予防のためのエクササイズ

Part
4
肩の障害予防エクササイズ

Part
5
プロ・サーキット・トレーニング

硬い人向き

膝をまっすぐにして伸ばすとキツいと感じる場合は、膝を軽く曲げて行うこともできる。

チェアー・ペルビックティルト

体の使い方で左右差の生じやすいテニスでは、骨盤の歪みも発生しやすい。
この歪みが要因となって、筋肉のバランスが崩れてパフォーマンスの低下を
招いてしまうこともある。それを改善させるストレッチ。

骨盤を前傾・後傾させることで、腸腰筋・大腿直筋・脊柱起立筋群・大臀筋な
ど、骨盤周辺のあらゆる筋群のバランスを調整することができる。

刺激される部位
骨盤周辺・内転筋群

回数 **10〜20**回を目安　難易度 ★

1 開脚した状態でイ
スに浅く座り、出っ
尻にする感じで骨
盤を前に傾ける

おへそを前に出すように
して軽く胸を張る

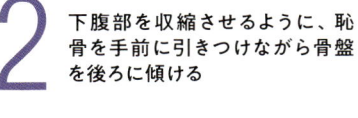

2 下腹部を収縮させるように、恥骨を手前に引きつけながら骨盤を後ろに傾ける

両手を骨盤に当てて、動きを確認しながら行う

エルボー to フロアー

シコ（腰割り）によって、骨盤の歪みが改善され、股関節周辺の柔軟性が向上することは紹介した。シコ（腰割り）の基本姿勢から体を前に倒すと、さらに広範囲にわたって伸ばすことができる。

骨盤の歪みを改善させながら、太もも、股関節まわりの筋群、脊柱起立筋群などを大きく伸ばすことができる。

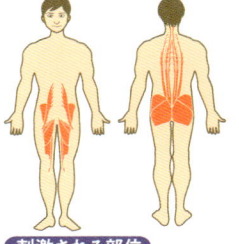

刺激される部位
股関節周辺・内転筋群・脊柱起立筋群

回数 **10**回もしくは**10**秒を目安　難易度 ★

1 シコ（腰割り）の基本姿勢をとる

2 両肘を床につけるようにして、体を前に傾ける

腰は膝くらいの高さまで落とす

上体をリラックスさせて行う

肩入れ開脚ストレッチ

シコ（腰割り）の開脚姿勢から外側に力を加えることで、太ももの内側をより大きく伸ばすことができる。自分で力加減の調整ができるので、意識をしながら少しずつ可動域を広げていける。

芝やクレー、カーペットなど、滑ったり引っかかったりする性質のサーフェスでは、内転筋群を痛めるリスクが高まる。このストレッチを行うことで、特殊なサーフェスでのケガの発生を防ぐことができる。

刺激される部位
股関節周辺・内転筋群

回数 片側**10**回もしくは片側**10**秒を目安　難易度 ★

1

シコ（腰割り）の姿勢で、片側の足を、肩を押しつけて動かないようにロックしておく

2

ロックされていない反対側の膝を、内側から外側へ押し広げる

目線は押し広げる膝へ

足首キャッチ&ツイスト

股関節と肩甲骨周辺の硬さは、テニスの基本的な動きに影響してしまうだけでなく、ケガのリスクも高めてしまう。常に動かしやすい状態を維持しておくことが大切。

 シコ（腰割り）でアプローチできる股関節周辺のストレッチにひねり動作をプラスすることで、股関節・体幹・肩甲骨周辺の動きづくりと柔軟性向上に役立つ。

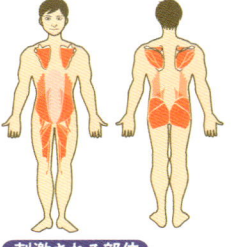

刺激される部位
股関節周辺・内転筋群・腹斜筋群・肩甲骨周辺

回数 交互に**10**回を目安　難易度 ★★

1 シコ（腰割り）の姿勢で、左手で右足首をつかんで、右手を後方へ伸ばす

！ つかんでいる足首を離さないようにツイストする

2 右手を内側からクロスして
左足首をつかむ

3 右足首から左手を離して、左
手を後方へ伸ばす

どうしても足首を持
てない場合は、無
理をせず、膝や太
ももあたりを触る感
じでもよい

Part
1
トレーニングの
基礎知識

Part
2
基本トレーニング・
カタログ

Part
3
障害予防のための
エクササイズ

Part
4
肩の障害予防
エクササイズ

Part
5
プロ・サーキット・
トレーニング

ふくらはぎは第2の心臓

　心臓から出た血液は、動脈を通って全身に行きわたり、静脈を通って心臓に戻ります。しかし、心臓には血液を送り出す力はあっても、戻す力までは備わっていません。実は、体の約70パーセントの血液が、重力の影響で下半身に集まっているといわれています。

　体は血液が下半身にどんどん溜まってしまわないように、ふくらはぎの筋肉を縮ませたり緩ませたりしながら、ポンプのように重力に逆らって血液を心臓に戻していきます。このふくらはぎの筋肉が縮んだり緩んだりする動きは、牛の乳搾りに似ていることから、「ミルキング・アクション」と呼ばれています。

　ふくらはぎの筋肉を使うと、ミルキング・アクションが活発化され、心臓から送り出された血液がスムーズに心臓に送り戻されます。血液の中には、酸素や栄養素が含まれているので、血液の循環がよくなることで疲労物質が除去されやすくなり、疲労回復を促進してくれます。

　血液を送り出すのが「心臓」なら、血液を送り戻すのが「ふくらはぎ」。ふくらはぎが「第2の心臓」と呼ばれている理由です。

　ちなみに、心臓や血管・筋肉などが未熟な幼児や子どもにとって、このミルキング・アクションはとても重要なシステムで、バタバタしたり、伸びをして足を突っ張らせたりしている赤ちゃん、ものすごく寝相が悪かったり、休むことなく駆け回ったりしている子どもなど、これは全身の筋肉を使ったミルキング・アクションで、血液を循環させて体を成長させている時間なのです。

ミルキング・アクションを促すおすすめのトレーニング

カーフレイズ

❶ 壁に手をかけて体を支えながら、台につま先で乗ってかかとを下げる

❷ つま先立ちになる。❶と❷を3秒ずつ5回繰り返す

ミルキング・アクション

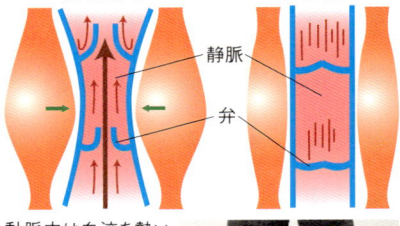

筋収縮時　　筋弛緩時

静脈

弁

動脈内は血液を勢いよく送り出すために、その内部はツルっとしているが、静脈内には約5センチおきに、血液の逆流を防ぐ弁がついていて、血液が重力の影響を受けて逆流しないようになっている

Part

肩の障害予防
エクササイズ

スイング動作から走る動作まで、
あらゆる動きにかかわっている肩や肩甲骨まわりの筋群。
常にスムーズに動かしやすくしておくことで、
障害を予防することができます。
いろいろな場面で取り入れてみてください。

骨盤とも連動している肩甲骨を動かす

肩甲骨が固まると姿勢まで悪くなる

　肩甲骨をあらゆる方向に動かす、つまり翼（ウィング）のように動かすエクササイズをウィンギングといいます。肩まわり、肩甲骨付近は、サーブやストロークの動作はもちろんのこと、走る動作など、テニス競技のあらゆる場面で大きく関係してきます。肩甲骨は骨盤と連動しているので、肩甲骨の動きが悪くなると、上半身と下半身のバランスが崩れて、姿勢が悪くなります。

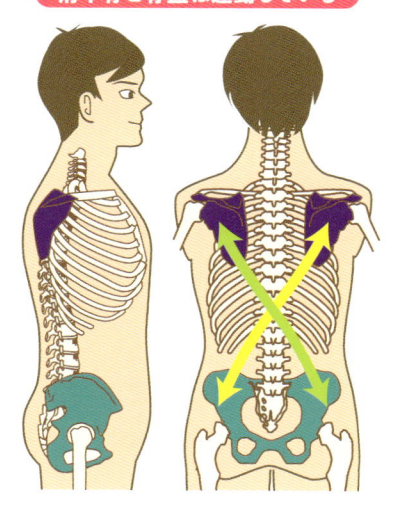

肩甲骨と骨盤は連動している

　肩甲骨は、本来自由自在に動きます。また、上半身の筋肉を動かす原動力となる部分でもあるので、可動域を広げて、スムーズに動くようにしておくことが大切です。

　ゲームやパソコン、スマホの操作などを長時間続けていると、血流が悪くなり、肩から首にかけての動きも制限されて猫背になります。もし、部活に参加するときに肩甲骨まわりが固まっていたなら、まずはウィンギングで肩甲骨をいろいろな方向に動かして血流をよくし、肩まわりを動かしやすい状態にしてから練習を始めましょう。

肩甲骨の動き次第でテニスの質が変わる

　肩甲骨は、先に述べたように、骨盤と連動しているので、ひねり動作や正しい姿勢づくりに大きくかかわってきます。肩甲骨の動かし方は、ラケットコントロールやスイングスピードにも影響してくる重要な要素なのです。

　肩甲骨周辺の筋肉が緊張していると、ラケット方向への動作がスムーズに行われなくなり、力みやケガなどを引き起こす原因となります。

　技術力アップはもちろん、ケガ予防の観点からも、肩まわりへのアプローチは欠かせないということです。

肩まわりのエクササイズで肩の障害を予防

　英語で「肩」を意味する Shoulder（ショルダー）は、ゲルマン語系の「平たいもの（肩甲骨）」が語源（由来）とされています。骨盤と同様に、肩甲骨と肩まわりも、やはり密接な関係にあります。

肩甲骨とローテーターカフ

カラダの前面
肩甲下筋

カラダの背面
棘上筋
棘下筋（きょくかきん）
小円筋

肩のインナーマッスルである「ローテーターカフ（回旋筋腱板）」と呼ばれる筋群は、腕をひねる動作時などに肩から腕が抜けないように支えてくれる安定装置（スタビライザー）としての機能があります。

サーブやストローク動作などで、同じ動きを繰り返したり、強い力を発揮し続けたりしていると、アウターマッスルとインナーマッスルのバランスが崩れて、肩を痛めてしまうことがあります。

アウターマッスルは外からも見えて自分でも触れる筋肉なので、トレーニングや意識がしやすい部分ですが、インナーマッスルは外からは見づらい内側の筋肉なので、トレーニングや意識がしづらい部分でもあります。

ウィンギングでは、こういった肩のインナーマッスルにもアプローチすることができるので、練習の前後に行って、肩の障害予防に役立ててください。

ウォームアップ、クールダウンへの活用方法

ウィンギングはウォームアップとクールダウンにも活用できます。

肩や肩甲骨周辺を動かすと、心臓に近い

エリアでの血液循環が高まります。特に寒い時期のウォームアップでは、外で軽いジョギングをするのも大変ということがあります。そんなときは、ウィンギングで心臓に近いエリアの血液循環を高めてからジョギングを行うと、体に大きな負担をかけることなく、安全にウォームアップができます。

クールダウンでは、練習で溜まった疲労物質を取り除く役割を担ってくれます。回数で行っていた種目を秒数での実施に変え、筋肉を伸ばした状態でゆっくり呼吸を行うことで血液中の疲労物質が流され、使われた筋肉はトリートメントされて、バランスが整った状態で練習を終えることができます。

「運動後の1分間のストレッチは、明日の15分の練習に相当する」とはよく言ったものです。

ウィンギング

吸う　吐く　　吸う　吐く

胸をストレッチした状態で　背中をストレッチした状態で

ウィンギング❶

ウィンギングは、肩甲骨をあらゆる方向に動かしながら行うストレッチ。肩甲骨の動きが悪いと、首から背中にかけての筋群が硬くなり、姿勢が悪くなる。常に動かしやすい状態を維持しておきたい。

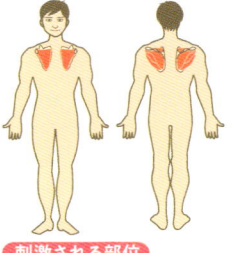

肩甲骨は肩や腕とも連動している部分なので、サーブやストローク動作だけでなく走る動作など、テニスのさまざまな動作に影響を及ぼす。プレーが激しくなっても、効率のよい動きを引き出せるようにしておく必要がある。

刺激される部位
肩甲骨周辺

回数 **10〜20**回を目安　難易度 ★

1 両手を前方に伸ばして、手のひらを向き合わせて構える

両手は胸の高さ

正しい
フォームのための
声かけ！

✕ 肩をすくめない！

◯ 肩甲骨をしっかり寄せて！

2 手のひらを外側に回しながら、肩甲骨を寄せて胸を開く

！ 首を長く保つ

肘は脇の下くらいの高さ

ウィンギング❷

回数 10〜20回を目安 **難易度** ★   **刺激される部位** 肩甲骨周辺

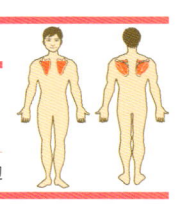

1 両手を頭上に伸ばして、手のひらを向き合わせて構える

2 手のひらを外側に回しながら、肩甲骨を寄せて胸を開く

> ❗ 肩はすくめないで、首を長く保つ

> ❗ 肩甲骨を寄せる

ウィンギング❸

| 回数 | **10〜20**回を目安 | 難易度 | ★ | | 刺激される部位 | 肩甲骨周辺 |

1 両肘を曲げて、手の甲と両肘を胸の前で合わせて構える

2 手のひらを外側に回しながら、肩甲骨を寄せて胸を開く

⚠️ 肘は脇の下くらいの高さ

ウィンギング❹

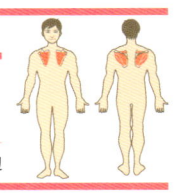

| 回数 | 10～20回を目安 | 難易度 | ★ | 刺激される部位 | 肩甲骨周辺 |

1 ウィンギング❷の動き

2 ウィンギング❸の動き

Advice
好みでチョイスしよう！
ウィンギングは5種目あるが、自分の好みでチョイスしよう。

3 手の甲と両肘を胸の前で合わせてから、両手を頭上に伸ばし、手のひらの向きを合わせる

ウィンギング❺

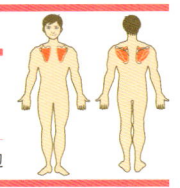

| 回数 | 前回し後ろ回し各**10〜20**回転 | 難易度 | ★ | 刺激される部位 | 肩甲骨周辺 |

1 軽く背中を丸めて、両肘を胸の前で合わせて構える

2 前から後方に向かって両肘を回して

3 肩甲骨を寄せて、胸を開く

両肩に指先がつく人はつけておく

4 1回転で最初の形に戻る（反対回しも同様に行う）

Advice
息を止めない！
息を止めず、ひとつひとつの動作で息を吸ったり吐いたりしながら行う。

ショルダー・ツイスト

大胸筋・広背筋・三角筋などアウターマッスルと呼ばれる大きな筋肉から、大円筋・肩甲下筋・棘下筋・小円筋などインナーマッスルと呼ばれる小さい筋肉まで、肩を動かすために必要な多くの筋群を刺激することができる。

 サーブでも、バックハンドでも、テイクバックしただけでも、ラケットを振りさえすれば、肩まわりの筋群は使われる。常に安定した動きで、持続的に使えるようにしておく必要がある。

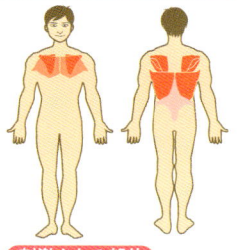
刺激される部位
肩の外・内旋筋群

回数 **10～20**回転を目安 　難易度 ★

1 両腕を肩の高さで真横に上げて、手のひらの片方が下向き、もう片方が上向きになるようにして構える

✕ 動作中に背中を丸めない

2 肩を軸にして、それぞれ時計回り、反時計回りに回転させる

テニスにおける
オーバートレーニング症候群

　競技のレベルが上がり、責任ある学年に進学していくと、頑張りすぎてオーバートレーニング症候群やバーンアウト（燃え尽き症候群）になる危険性が高まります。

　オーバートレーニング症候群とは、いわゆる「不調」のことで、練習やトレーニングと、心や体との「回復バランス」が悪くなることによって起こるものです。

　パフォーマンスが低下したり、気分が乱れたり（イライラ、落ち込み、むっつり、無気力、闘争心の減退など）、特徴的な症状はあるものの、自分自身ではわかりづらい部分も多いので、顧問の先生や部活の仲間、そして家族など、身近な人たちの気づきや意見、かかわり方が重要になってきます。

　もし、オーバートレーニング症候群になってしまったら、最善の治療法は「休養」しかありません。「不調」が長ければ長いほど休養期間も長くなるので、この休養期間中にオーバートレーニングの原因となるストレスを見つけ出しておくことが重要です。練習とトレーニングを少しずつ再開しながら、再発しないように修正していくことが大切なのです。

　オーバートレーニングを放置し、過度のストレスが繰り返されると、人はバーンアウトしてしまいます。こうなると、肉体的にも、感情的にも、精神的にも疲労困憊してしまい、テニスへの熱意が失われ、やがて心も体も完全にテニスから離れていってしまいます。なんと恐ろしいことでしょう。

　そうならないためにも、病気などで体調の悪いときは、無理せず練習やトレーニング量を減らし、強度を落とすように心がけてください。

　また、1週間の中にハードな練習とハードなトレーニングを行う日があったら、必ずイージーな日と、練習とトレーニングをまったく行わないオフ日を設けて、テニスとトレーニングに支配されないようにバランスをとります。

　専門のテニスクラブに所属している部員のケースであれば、学校以外のクラブや家庭など、見えない部分で受けているプレッシャーも加味する必要があるでしょう。

　スケジュールや時間、規則などに支配されず、常に柔軟な姿勢・マインドで対応していけば、オーバートレーニング症候群やバーンアウトは防げるといわれています。

Part

5

プロ・サーキット・トレーニング

プロの選手たちが好んで行っている
強度の高いトレーニングメニューです。
基礎的なフォームや筋力が身についてきたら、
部活などの仲間と意識を高め合いながらトライしてみてください。

プロ選手が行っている高強度トレーニング

回数は少なめに設定 強度をアップするのが目的

「プロ・サーキット」とは造語で、「プロ選手が好んで行っているサーキット形式のトレーニング方法」の略です。通常のサーキット・トレーニングは、上半身の種目を行ったら下半身の種目へ移るといった具合に、同じ筋群（部分）が連続しないように、全身をまんべんなくトレーニングしていくやり方です。回数は12回〜20回を目安として、筋持久力や有酸素能力などを高め、心肺機能の向上や脂肪燃焼などにも効果があるトレーニング方法です。

プロ・サーキットは、「サーキット」とは呼んでいますが、同じ筋群（部分）に対して複数種目を連続して行い、回数も5〜10回と少なめに設定し、筋力やトレーニング強度をアップすることを目的としたトレーニング方法です。

プロ選手たちは、日頃からウエイトやチューブなど、体への刺激を強めるために器具を使ったトレーニングを継続しています。しかし、遠征場所や大会グレードによっては、トレーニング器具などが存在しない会場も多いため、遠征中は自体重トレーニングを行う機会が増えます。そこで、体が自体重のトレーニング負荷（刺激）に慣れてしまわないようにするため、トレーニングの強度をアップする目的でプロ・サーキットを行っています。

膝の大ケガから復帰できた 西岡良仁選手のこと

2017年3月、西岡良仁選手は100位だったランキングをたった3カ月間で自己最高の58位まで上げる偉業を成し遂げました。ところが、「左膝・前十字靭帯断裂」という大ケガを負い、靭帯再建手術を行ったことで、2017年のシーズンはわずか3カ月で終了してしまったのです。

しかし、身長170センチの小柄な選手が、グレードの高い大会でトップ選手を次々と倒し、トーナメントを席巻した軌跡は、才能に恵まれたアスリートが、"生まれ持った才能を存分に活かして"戦った3カ月間でもありました。

その後の9カ月間は、リハビリと患部外トレーニング（医師の運動許可が出たところから始まる「動作制限をかけなくても動かせる＜ケガをしていない＞部分に対して行うトレーニング」）に明け暮れる毎日。

一日の大半を費やしてのリハビリと患部外トレーニングは、医師、リハビリの専門家、管理栄養士、フィジカルコーチなど、多くの人間が経過を見ながら、毎日コツコツと行われます。選手はその期間、ラケットを持つことがほとんどないので、自分の心や体と徹底的に向き合うことになります。

リハビリ期間中の選手は、回復の進行状況、ライバルの活躍など、見えない部分での焦りや落ち込みなどが増し、ネガティブになりそうな感情と必死に戦っているようなイメージがありますが、西岡選手の場

合、そういった雰囲気はほとんどなく、日々進化していく自分の肉体を鏡に映してニヤリとしているのです。

体づくりや体の動かし方を身につけるだけでなく、他競技のアスリートや別業界の人々との交流を広げ、YouTube チャンネルを開設して、自分自身やテニスのことを発信したり、栄養士さんからレシピを教わり料理を覚えたり（今では遠征中に自炊できるレベル）と、常に新しいことにチャレンジしながら、毎日ワクワクしているようでした。

そういえば、リハビリ期間中、西岡選手とは毎日のように一緒にいたのですが、ケガをしたときの話は一度もしたことがなく、毎朝リフレッシュしてハツラツとトレーニングの場に来ていました。今でもその頃のことを「いろいろなことができて楽しい時間だった」と振り返っています。実にあっぱれな男です。

2019 年の現在では、しっかりと自己最高ランキングまで戻し、さらに上を狙っています。ちなみに、膝の手術からの復帰で、元のランキングまで戻せた選手は、これまで世界的にも前例がないとのこと。結果的に、試合に出ていない期間中にも偉業を成し遂げたことになります。

過去を振り返らず、自分に与えられた時間を有効活用することに目を向けてきた西岡選手にとって、ケガがきっかけで与えられた時間は、自分自身の心や体と向き合い、"生まれ持った才能を活かすために何をすべきか"を悟った 9 カ月間になったのでしょう。

継続なくして競技力向上なし

西岡良仁選手の例を紹介しましたが、万が一ケガをしてしまった場合でも、トレーニングに限らず、それまで継続していたことを突然やめてしまうのではなく、今の自分にできることが何かを探り、それを実践・継続していくことが大切です。

日本オリンピック委員会（JOC）が掲げる「人間力の向上なくして、競技力の向上なし」という言葉は、多くのアスリートの励みになっている言葉です。諦めず、自分の心や体と真剣に向き合い、継続していくことができれば、人間力も身につき、競技力も向上していくことでしょう。

西岡良仁選手（右）と著者
（写真提供：西岡選手）

1 上半身トレーニングを強度アップ！
プッシュアップ・プロ・サーキット

1 プッシュアップ・キープ……p26
ハイポジションとローポジションをそれぞれ**10秒**キープ

2 プッシュアップ……p22
5〜10回

3 クロコダイル……p30
交互に**6〜10回**

＊この流れを×数セット

2 下半身トレーニングを強度アップ！
スクワット・プロ・サーキット

1 フリーズ・スクワット……p38
10秒キープ

2 ハーフ＆ノーマル・スクワット……p40,36
ハーフとノーマルを交互に**10〜20回**

3 フリーズ・スクワット……p38
10秒キープ

4 片足スクワット……p41
片足**5〜10回**ずつ

＊この流れを×数セット

3 下半身トレーニングを強度アップ！
ベントニー・プロ・サーキット

1 **ベントニー・ペダル**（フォワード／バック）……p54
6～10歩ずつ

2 **ベントニー・サイド・ムーヴ**……p56
右方向に**5～10**歩

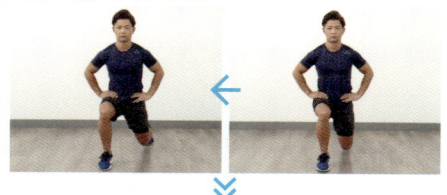

3 **ベントニー・スイッチ**……p57
3～5回

4 **ベントニー・サイド・ムーヴ**……p56
左方向に**5～10**歩

5 **ベントニー・スイッチ**……p57
3～5回

*この流れを×数セット

4 腹筋トレーニングを強度アップ！
クランチ・プロ・サーキット

1 **エアー・プッシュ**……p124
10秒キープ

2 **ストリクト・クランチ／スロー**……p125
10回

3 **ストリクト・クランチ／クイック**……p125
10回

4 **バタフライ・クランチ**……p128
外から内回し**5～10**回転＋内から外回し**5～10**回転

*この流れを×数セット

5 下半身トレーニングを強度アップ！
ランジ・プロ・サーキット

1 **ステップイン**……p62
左右交互に**6〜10回**

2 **ステップバック**……p63
左右交互に**6〜10回**

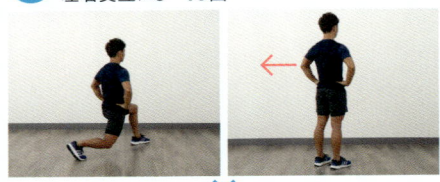

3 **フォワード・ランジ・ウォーク**……p66
8〜10歩

4 **バック・ランジ・ウォーク**……p68
8〜10歩

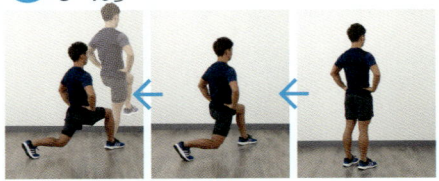

5 **ステップイン・サイド・ランジ**……p80
左右交互に**10回**

6 **サイド・ランジ・ウォーク**……p84
右方向に**8〜10歩**

7 **サイド・ランジ・ウォーク**……p84
左方向に**8〜10歩**

8 **クロス・ランジ**（ステップイン）……p88
左右交互に**10回**

9 **クロス・ランジ・ウォーク**（フォワード）……p90
8〜10歩

10 **クロス・ランジ・ウォーク**（バック）……p91
8〜10歩

＊この流れを×数セット

6 下半身トレーニングを強度アップ！
シコ・プロ・サーキット

① シコ……p96
10秒キープ

⯆

② シコ・ムーヴ……p98
片側**3秒**キープを交互に**6〜10回**

⯆

③ シコ・ウォーク……p102
前後**8〜10歩**ずつを**1往復**

⯆

④ シコ……p96
10秒キープ

⯆

⑤ シコ・ウォーク……p103
左右**8〜10歩**ずつを**1往復**

⯆

⑥ シコ……p96
10秒キープ

＊この流れを×数セット
＊2セット以上行う場合は、セット間に1分30秒〜3分程度の休憩を挟んでから行う

Part
1
トレーニングの
基礎知識

Part
2
基本トレーニング・
カタログ

Part
3
障害予防のための
エクササイズ

Part
4
肩の障害予防
エクササイズ

Part
5
プロ・サーキット・
トレーニング

7 全身トレーニングを強度アップ！
バーピー・プロ・サーキット

① **バーピー**……p108
5回

10～20秒休憩

② **両足バーピー＋ジャンプ**……p110
5回

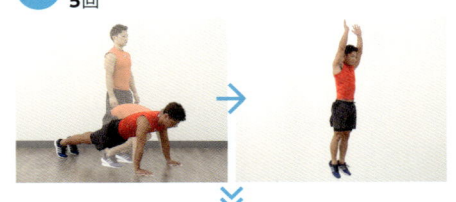

10～20秒休憩

③ **両足バーピー＋開閉脚＋ジャンプ**……p118
5回

10～20秒休憩

④ **片足バーピー＋ジャンプ**……p112
右足**5回**

10～20秒休憩

⑤ **片足バーピー＋ジャンプ**……p112
左足**5回**

10～20秒休憩

⑥ **両足バーピー＋タック・ジャンプ**……p114
5回

＊この流れを×数セット
＊2セット以上行う場合は、セット間に2～4分程度の休憩を挟んでから行う

8 ジャンプ系トレーニングを強度アップ！
ジャンプ・プロ・サーキット

① **両足スクワット・ジャンプ**（切り返しあり）……p44
10〜20秒

10〜20秒休憩

② **ランナーズ・ジャンプ**……p50
右足**10〜20**秒

10〜20秒休憩

③ **ランナーズ・ジャンプ**……p50
左足**10〜20**秒

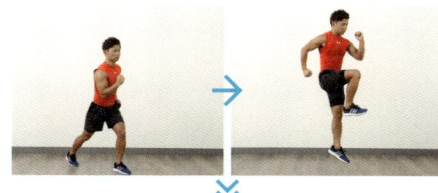

10〜20秒休憩

④ **開脚シコ・ジャンプ**……p104
10〜20秒

10〜20秒休憩

⑤ **スプリット・ランジ・ジャンプ**……p74
10〜20秒

10〜20秒休憩

⑥ **両足バーピー＋ジャンプ**……p110
10〜20秒

10〜20秒休憩

⑦ **片足バーピー＋ジャンプ**……p112
右足**10〜20秒**

10〜20秒休憩

⑧ **片足バーピー＋ジャンプ**……p112
左足**10〜20**秒

＊この流れを×数セット
＊2セット以上行う場合は、セット間に3〜5分程度の休憩を挟んでから行う

9 ショルダー・プロ・サーキット

① ウィンギング❶……p148
10〜20回

⬇

② ウィンギング❷……p150
10〜20回

⬇

③ ウィンギング❸……p151
10〜20回

⬇

④ ウィンギング❹……p152
10〜20回

⬇

⑤ ウィンギング❺／後ろ回し……p154
10〜20回転

⬇

⑥ ウィンギング❺／前回し……p154
10〜20回転

⬇

⑦ ショルダー・ツイスト……p155
10〜20回転

＊この流れを×数セット

付録

自体重トレーニングの
組み合わせ方

本書で登場する基礎的な種目をどのように組み合わせたらい
いのでしょうか。自分自身でエクササイズの組み合わせを自
在にできるようにするための、実践で役立つプログラム作成
の具体例をわかりやすく紹介します。年間を通してプログラ
ムを実施・作成するときの注意点やコツなど、トレーニングを
継続し、パフォーマンスを向上させていくうえで大切な、基
礎知識とともに確認してみましょう。

長期的なプログラムを成功させるコツ

予定を変更する柔軟性を持つ

目標（ゴール）を設定しても、それをブロックする因子はたくさん存在しています。予想外のケガや病気のほか、時間や天候などに左右されることもあるでしょう。

予定通りいかないことがあったとしても、時には休んだり、ペースを落としたりすることで、目標への近道が見えることもあります。「予定は未定」と割り切って、A案からB案へ軌道修正することができる"考え方の柔軟性"を持つことも、プログラム遂行には必要となってきます。

自分を少し背伸びさせたゴールを設定

目標を達成させるには、目標の設定方法にも工夫が必要です。まずは、曖昧なものでなく、なるべく具体的な目標を設定することが大切です。

ゴールが非現実的であったり、期間（時間）的に間に合わないようなものであったりすれば、途中で諦めてしまう可能性が高まります。掲げた目標と現状とのギャップが大きければ大きいほど、焦りや不安などから、自信も次第に失われてしまうかもしれません。

かといって、簡単すぎてもいけません。達成することは可能であっても、自分を少し背伸びさせた「ストレッチ・ゴール」を設定することで、適度な難易度にも挑戦することができ、自分の成長を実感しながら、目標へ向かって進んでいきやすくなるでしょう。

私のやり方ですが、最終的な目標（ゴール）を設定したら、そのゴールへ向かう短い期間の「スモール・ゴール」をいくつか設定することをおすすめします。

動画や数値などで、成果が目に見えてわかるようにしておくことも大切です。達成感の積み重ねが、自信やモチベーションを維持するキッカケになってくれれば、最終的な目標は達成できると思います。

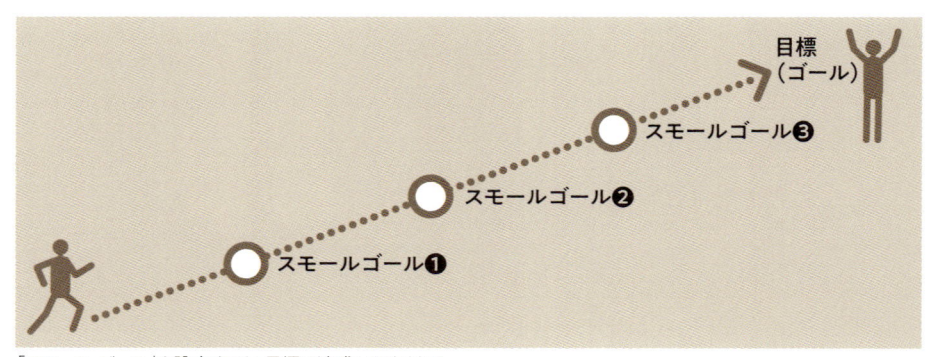

「スモール・ゴール」を設定すると、目標は達成しやすくなる

部活トレ・プログラムのつくり方

トレーニングをスタートして間もなくすると、「ちょっと筋肉がモリっとしてきた」「回数をこなせるようになってきた」「練習で疲れにくくなった」など、トレーニング効果を実感できることが増えてきます。これは"トレーニングの一時的効果"といわれるもので、個人差はありますが比較的早い時期（数週間～数カ月後）に現れます。トレーニングをさらに継続していくと、「スイングスピードが上がった」「ラリーで粘れるようになった」「相手のドロップショットに対応できるようになった」など、パフォーマンスに直結した"二時的効果"を得ることができるようになります。

しかし、この一時的効果と二時的効果の間には、トレーニング効果が停滞してしまう期間が、必ず訪れます。これは"プラトー"と呼ばれ、脳がそれまで行っていたトレーニングを日常生活の一部であると誤認識してしまうことが原因で、体がトレーニングに対して反応しなくなる期間といわれています。この"プラトー"を打破しなければ二次的効果は得られなくなるので、トレーニング内容を工夫しながら進めていかなければなりません。

違うパターンのプログラムを使い分ける

プログラムを組むにあたって必要な事項としては、エクササイズの選択・配列・動作スピード、回数・セット数・インターバルの設定などがあげられます。また、テニスの場合、目的や状況（環境・天候など）、学校行事やスケジュールなどを考慮しつつ、トレーニング内容を変化させていくことで、効果的かつ効率的なトレーニング・プログラムを組み立てることができるでしょう。

個人の実力や成績によって目標とする大会や試合日程などが変わるケースが多い場合には、「100人の部員がいたら100通りのパターンが存在する」と思っていたほうがよさそうです。ただし、現実的にそれを行おうとしたらキリがないため、まずは大きく2つ、部活全体で行う「全体プログラム」と個人の目的に見合った「個人プログラム」とに分けておくことで、ある程度は対応できると思います。

事前に違うパターンのトレーニング・プログラムをいくつかつくっておいて、それをケース・バイ・ケースで使い分けていくことができれば、年間を通じてプログラムに変化をもたらすことができるでしょう。

ここでは、いくつか目的別に作成したプログラムを紹介していきます。

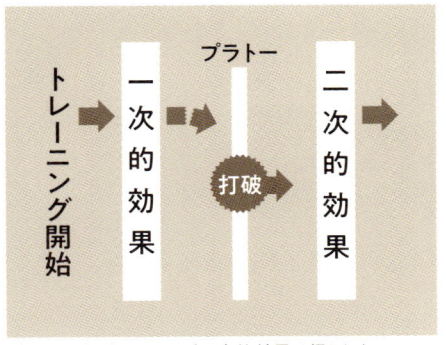

プラトーを打破しなければ二次的効果は得られない

1

上半身と下半身の種目を交互に行う

一番ベーシックな組み合わせ方で、1回のセッションで、全身をまんべんなくトレーニングすることができる。
障害予防や体幹部の種目を交えたり、数種目を連続して行うサーキット形式で行ったりすることもできる。

パターン1

1	プッシュアップ	10回×3セット
2	スクワット	10回×3セット
3	ストリクト・クランチ（スロー）	10〜20回×3セット
4	ショルダー・ツイスト	10〜20回転×3セット
5	シコ	10回×3セット
6	ストリクト・クランチ（クイック）	10〜20回×3セット
7	クロコダイル	交互に10回×3セット
8	ランジ	片側10回ずつ ×3セット
9	サイド・ヒール・タッチ	交互に10〜20回 ×3セット

＊各種目セット間のインターバル（休憩時間）は、1分〜1分30秒程度。種目と種目の間は3分程度とする

パターン2　サーキット形式

1	プッシュアップ	12〜20回
2	スクワット	12〜20回
3	ストリクト・クランチ（スロー）	12〜20回
4	ショルダー・ツイスト	12〜20回転
5	シコ	12〜20回
6	ストリクト・クランチ（クイック）	12〜20回
7	クロコダイル	交互に12〜20回
8	ランジ	片側12〜20回ずつ
9	サイド・ヒール・タッチ	交互に12〜20回 ×1〜9を2〜3セット

＊①〜⑨の流れを連続（インターバルなし）で行って1セットとする。セット間のインターバルは3〜6分程度とする

2

→メイン種目の前にコンディショニング種目を行う

ターゲットとする(メイン種目で使われる)筋群への意識を高めることができ、動作の可動域(動かせる範囲)も広がる。スムーズな動作で、使っている部分への意識もできるので、トレーニングを効果的に行える。

パターン1

1	腸腰筋ストレッチ	片側10〜20秒ずつ ×1〜3セット
2	ステップイン・ランジ	交互に10回 ×3〜5セット

＊各種目セット間のインターバル(休憩時間)は、1分〜1分30秒程度。種目と種目の間は3分程度とする

パターン2

1	チェアー・ペルビックティルト	前後に10〜20回 ×1〜3セット
2	シコ	10回×3〜5セット

＊各種目セット間のインターバル(休憩時間)は、1分〜1分30秒程度。種目と種目の間は3分程度とする

パターン3

1	ウィンギング①	10〜20回 ×1〜3セット
2	プッシュアップ	10回×3〜5セット

＊各種目セット間のインターバル(休憩時間)は、1分〜1分30秒程度。種目と種目の間は3分程度とする

3

→強化したい部分を優先的に行う

エネルギーの消耗や集中力の低下などを考慮して、エネルギーレベルと集中力が高い状態でトレーニングすることで効果を上げることができる。

パターン1 上半身強化が目的の場合

1	プッシュアップ	10回×5セット
2	片足プッシュアップ	片側5〜10回ずつ ×5セット
3	スクワット	10回×3セット

＊各種目セット間のインターバル(休憩時間)は、1分〜1分30秒程度。種目と種目の間は3分程度とする

パターン2 下半身強化が目的の場合

1	スクワット	10回×5セット
2	片足スクワット	片側5〜10回ずつ ×5セット
3	プッシュアップ	10回×3セット

＊各種目セット間のインターバル(休憩時間)は、1分〜1分30秒程度。種目と種目の間は3分程度とする

4 トレーニング・サイクルを考慮して行う

テーマを絞った内容をそれぞれ別の日に行うことで、トレーニング強度のコントロールがしやすく、1週間のスケジュールが組み立てやすくなる。

パターン1 DAY.1 上半身の日

1	ウィンギング❶	10～20回 ×1～2セット
2	プッシュアップ・キープ	10～20秒 ×1～2セット
3	プッシュアップ	10回×3セット
4	片足プッシュアップ	片側5回ずつ×3セット

＊各種目セット間のインターバル（休憩時間）は、1分～1分30秒程度。種目と種目の間は3分程度とする

DAY.2 下半身の日

1	チェアー・ペルビックティルト	前後に10～20回 ×1～2セット
2	シコ	10回×3セット
3	スクワット	10回×3セット
4	片足スクワット	片側5回ずつ×3セット

＊各種目セット間のインターバル（休憩時間）は、1分～1分30秒程度。種目と種目の間は3分程度とする

パターン2 DAY.1 ハードな日

1	スクワット	10回×1～2セット
2	プッシュアップ	10回×1～2セット
3	両足スクワット・ジャンプ （切り返しなし）	6回×5セット
4	プッシュアップ・ジャンプ	6回×5セット
5	ストリクト・クランチ（スロー） ＋ストリクト・クランチ（クイック）	10回 ＋10回×3セット

＊①②のセット間のインターバル（休憩時間）は、1分～1分30秒程度。③④では、2分～3分程度、⑤は、1分程度。種目と種目の間は3分程度とする

DAY.2 イージーな日

1	ウィンギング❶	10～20回×1セット
2	ウィンギング❷	10～20回×1セット
3	ウィンギング❹	10～20回×1セット
4	ウィンギング❺	前回し10～20回 ＋後ろ回し10～20回 ×1セット
5	プッシュアップ・キープ	10秒キープ×3セット
6	チェアー・ペルビックティルト	前後に10回×1セット
7	エルボーtoフロアー	10秒キープ×1セット
8	肩入れ開脚ストレッチ	片側10回ずつ×1セット
9	シコ	10回×3セット

＊⑤⑨のセット間のインターバル（休憩時間）は、1分～1分30秒程度。種目と種目の間は3分程度とする

生粋の部活出身プロテニスプレーヤー "杉田祐一"

2017年7月のアンタルヤ・オープン（トルコ）で、杉田祐一選手は日本人としては松岡修造、錦織圭に次ぐ3人目の快挙となるATPツアー優勝を果たしました。その帰国後に、「決勝前夜、プロになる以前の"学生時代"のことが頭に蘇った。優勝したあと、そのすべてが報われた気がした」と、印象的な言葉を残しました。

実は、杉田選手は生粋の"部活出身"のプロ選手で、高校の3年間を部活テニスで過ごしています。

プロ転向して13年経った現在でも、年に数回必ず母校に戻り、恩師である先生や先輩が見守るなか、現役の学生たちと練習で真剣に打ち合っています。母校で練習しているときの杉田選手の表情は格別で、充実感に満ち溢れていて、そんな彼の姿を見ることが、私にとっても楽しみのひとつです。

杉田選手は、当時のことを振り返り、「悪態をついたり、意見を聞かなかったり、どんなに身勝手に振る舞ったりしても、その瞬間における"精一杯"の言動を受け入れ、徹底的に向き合ってくれた。多くの影響を受け、現在の自分の基礎を築いてくれた場所が、このコートですね」と語ってくれました。

「世界一になりたければ、世界一の練習をする。これ以上の近道はない！」

コート上で恩師が伝えてくれたこの言葉を胸に、今日も世界の頂点を目指し、世界一の練習を自分自身でつくり上げています。

高校時代の練習を礎に、世界で活躍する杉田祐一選手

継続してほしい 楽しんで

フィジカルコーチは、選手の体づくりを基盤とし、ケガを防ぎ、最高のパフォーマンスを発揮できるようにサポートする職業です。試合や大会へ向けた「準備期間」に存在し、その役割として、勝ったり負けたり気持ち的な浮き沈みが激しいときであっても、しっかりと選手を支え、先を見据えたサポートをしていくことがあげられます。

また、選手が体力的にも精神的にも、能力の限界に挑んで（取り組んで）いる以上、フィジカルコーチには、その苦しみを軽減させる役割もあると私は考えています。

スポーツの三大原則は「競い合うこと」「ルールがあること」「楽しいこと」。特に「楽しいこと」はスポーツを継続していくうえで、とても重要なことだと思います。トレーニングもひとつのスポーツと捉え、皆さんに楽しんで継続していってもらえれば幸いです。

浜浦幸広

浜浦幸広 はまうら・ゆきひろ

フィジカルコーチ。1970年神奈川県横浜市生まれ。株式会社未来教育総合研究所所属。2002〜2009年に東海大学学外サポートスタッフとして、男女硬式テニス部・チアリーディング部・男子ラクロス部などの部活指導を行うかたわら、国立スポーツ科学センター（JISS）非常勤トレーナーとして、アテネ及び北京オリンピック日本代表選手のフィジカル強化サポートを行う。2008〜2011年には男子テニス日本代表フィジカルコーチとして活動。現在も、陸上（短距離）の桐生祥秀選手など、プロテニス選手以外にも多競技にわたるトップアスリートのフィジカル強化サポートを行っている。

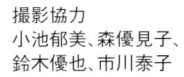

撮影協力
小池郁美、森優見子、
鈴木優也、市川泰子

浜浦幸広　テニス選手サポート歴

2002〜2009年	東海大学・男女硬式庭球部サポート	2009年〜現在	錦織圭選手サポート（日本滞在時のみサポート）
2003〜2004年	竹村りょうこ選手サポート	2010〜2011年	近藤大生選手サポート
2007〜2008年	ビッグKテニスサポート	2011〜2014年	瀬間詠里花選手サポート
2008〜2009年	岩渕聡選手サポート	2012〜2015年	尾﨑里紗選手サポート
2008〜2011年	添田豪選手サポート	2013〜2015年	今西美晴選手サポート
2008〜2011年	伊藤竜馬選手サポート	2013〜2018年	関口周一選手サポート
2008〜2011年	男子テニス日本代表サポート	2014年〜現在	西岡良仁選手サポート
2008年〜現在	杉田祐一選手サポート	2016年〜現在	綿貫陽介選手サポート
2008〜2009年	奈良くるみ選手サポート	2017〜2018年	田中優季選手サポート
2009〜2015年	守屋宏紀選手サポート	2017〜2018年	慶応義塾體育會・男女硬式庭球部サポート
2009〜2010年	牟田口恵美選手サポート		

競技力が上がる
体づくり

テニスの
筋力トレーニング

2019年12月25日　第1版第1刷発行

著　者／浜浦幸広
発行人／池田哲雄
発行所／株式会社ベースボール・マガジン社
〒103-8482
東京都中央区日本橋浜町2-61-9　TIE浜町ビル
電話 03-5643-3930（販売部）
　　　03-5643-3885（出版部）
振替口座 00180-6-46620
http://www.bbm-japan.com/

印刷・製本／広研印刷株式会社
©Yukihiro Hamaura 2019
Printed in Japan
ISBN978-4-583-11240-4　C2075

＊定価はカバーに表示してあります。
＊本書の文章、写真、図版の無断転載を禁じます。
＊本書を無断で複製する行為（コピー、スキャン、デジタルデータ化など）は、私的使用のための複製など著作権法上の限られた例外を除き、禁じられています。業務上使用する目的で上記行為を行うことは、使用範囲が内部に限られる場合であっても私的使用には該当せず、違法です。また、私的使用に該当する場合であっても、代行業者等の第三者に依頼して上記行為を行うことは違法となります。
＊落丁・乱丁が万一ございましたら、お取り替えいたします。